COCINA BOTÁNICA

Título original: Cucina Botanica
Textos: Carlotta Perego
Fotografías: Carlotta Perego, excepto pp. 50, 72, 73, 97, 126, 127, 177, 180, 190, 191, 203, 212, 216, 217 (Shutterstock Images) y pp. 6, 8, 12, 47, 55 (Valentina Consonni)
Imagen de cubierta: Valentina Consonni
Make Up y Hair: Manuela Rosignoli
Ilustraciones: Shutterstock Images
Agradecemos la amable colaboración de la doctora Silvia Goggi
Traducción: Marc Cornelis (La Letra, SL)
Adaptación española: La Letra, SL

Redacción Gribaudo
Via Strà, 167/F
37030 Colognola ai Colli (VR)
info@editorialgribaudo.com

Responsable de producción: Franco Busti
Responsable de redacción: Laura Rapelli
Fotolito y preimpresión: Federico Cavallon, Fabio Compri
Secretaría de redacción: Emanuela Costantini

FSC
www.fsc.org
MISTO
Carta
da fonti gestite in
maniera responsabile
FSC® C101934

Impresión y encuadernación: Grafiche Busti srl, Colognola ai Colli (VR), empresa con certificado FSC®-COC con código CQ-COC-000104

© 2020 Gribaudo - IF - Idee editoriali Feltrinelli srl
Socio Único Giangiacomo Feltrinelli Editore srl
Via Andegari, 6 - 20121 Milán
www.editorialgribaudo.com

Primera edición: noviembre de 2021
ISBN: 978-84-123408-8-4

CARLOTTA PEREGO

COCINA BOTÁNICA

vegetal

responsable

deliciosa

GRIBAUDO

AGRADECIMIENTOS

Este es el primer libro que publico; saber que acabará en vuestras manos me provoca una emoción inmensa. Por eso tengo muchísimo que agradecer a todos los colaboradores que han contribuido a su realización: en primer lugar, la comunidad de *Cocina botánica*, formada por muchísimas personas que interactúan cada día conmigo, dándome pistas, consejos, ideas y conversaciones, que me empujan continuamente a crecer.

Quiero enviar un enorme agradecimiento a Beatrice y Helio, los ángeles de la guarda que están detrás de cada uno de mis nuevos proyectos, junto a toda la agencia de Show Reel Factory.

Un agradecimiento especial para Silvia Goggi, una amiga a la que admiro mucho y un apoyo realmente fundamental en la redacción de la primera parte de este libro.

Gracias a Sebastiano Cossia Castiglioni, otro amigo muy apreciado. Sin sus ánimos, sus críticas constructivas y sus consejos, siempre tan acertados, muy probablemente, *Cocina botánica* no existiría.

A Simone, a mi familia, a mis abuelas, al tío Massimo y a mis amigos: espectadores entre bastidores, primeros lectores de este libro y fantásticos catadores de todas estas recetas.

Gracias también a Claudia, a Armando y a la editorial Gribaudo, que creyó en mí desde el primer momento y que permitió la publicación de este libro, un hermoso regalo para mí.

SUMARIO

6

El secreto de Carlotta

10

COMER VERDURAS:
¿por qué?

13

INGREDIENTES
& nutrición

61

RECETAS BÁSICAS

103

PRIMAVERA

133

VERANO

157

OTOÑO

189

INVIERNO

222

Índices

EL SECRETO
de
CARLOTTA

 Sebastiano Cossia Castiglioni

Conocí a Carlotta cuando, después de pasar por la escuela de Matthew Kenney en Los Ángeles, acabó siendo una de sus profesoras. No pudo haber escogido un mejor camino y la alumna, ya entonces muy aplicada, enseguida se convirtió en maestra. Saber compartir los conocimientos que uno posee sin que se note el peso de los estudios, del esfuerzo y de la experiencia que hay detrás de ellos, es un don raro y fundamental para los docentes. Y en ella es algo natural.

Carlotta tiene varias misiones en la vida. Además de la principal, que es mimar a Fiocco (su adorable perro adoptivo), ha decidido hacer de la cocina vegana algo fácil, apetitoso y universal. Y hacerlo sin complicaciones, sin prejuicios y, sobre todo —y lo más importante—, con resultados deliciosos.

Lo que me sigue sorprendiendo al ver sus vídeos y sus platos es que todo parece fácil. Y, de alguna manera, lo es, porque Carlotta es una maestra en la simplificación de las recetas. Algo que, en sí mismo y en contra de las apariencias, es todo menos sencillo. Pero el resultado final son platos realmente al alcance de todos. Entrar en su cocina es como estar invitado a cenar en casa de tu mejor amiga; sin formalidades, muy a gusto, uno se deja transportar por el tono de su voz casi hipnótico. Pero ¿cómo resistir la tentación de no cocinar ya lo que nos enseña? ¿Es posible que sea realmente tan fácil? ¡Pues sí, y además, está riquísimo!

Platos atractivos, pero auténticos, sin efectos especiales. Por un lado, se acercan a la cocina cariñosa de nuestras abuelas. Son recetas que, se nota enseguida, pondrán una sonrisa en la cara del que tiene la suerte de probarlas. Lo primero que querréis hacer es prepararlas para vuestros seres queridos, mimándolos con la comida de Carlotta. Por otro lado, su cocina es modernísima, la verdadera cocina del siglo XXI: nada de ingredientes de origen animal que —además de ser completamente inútiles— provocan daños en la salud, el medio ambiente y el ganado. Y es aún más moderna, porque es una cocina rápida, sencilla, adaptada a nuestro estilo de vida cotidiano. Sin adornos, buena y realmente saludable, sin sacrificar el sabor en absoluto. Pero también es un momento de paz, de reflexión, donde el tiempo parece detenerse, mientras las verduras se están haciendo en la sartén o al horno, o mientras degustamos un humus de ensueño.

Este precioso volumen se abre con muchísimas páginas de consejos prácticos fundamentales y muy útiles, que van desde la elección de los ingredientes hasta cómo combinarlos; de consejos sobre la salud (a cargo de la mejor nutricionista de Italia, Silvia Goggi) a los utensilios de cocina; de cómo hacer la compra a cómo leer las etiquetas; de las sustituciones a las técnicas de base. Un auténtico manual para sumergirse en la cocina vegetal, sin temores ni misterios.

Y, después, las recetas. Son imperdibles el pan de brioche, el humus de garbanzo y calabacín, la pasta fresca sin huevo, los *fusilli* con pesto de brócoli y nueces, las albóndigas de lentejas, las cookies con doble chocolate o el mágico helado de mango. Desde las variaciones del humus hasta las deliciosas pastas, desde tentempiés hasta todo tipo de panes, desde las ensaladas hasta los postres, incluido su mítico tiramisú, Carlotta nos lleva de la mano en este libro, a través de las distintas estaciones y de los sabores de su cocina, como solo ella sabe hacer, paciente y cariñosa, con su inconfundible sonrisa. Cuando lo lees, es como si la escucharas hablar.

El secreto de Carlotta es que no tiene secretos, es exactamente tal y como se presenta: amable, humilde, simpática, ingeniosa y excelente cocinera. Entusiasta de la comida y maestra de los aromas, los sabores y las texturas. Tiene ansias de compartir los placeres de su cocina con el que quiera escuchar, leer, cocinar y dejarse llevar en un viaje delicioso, lleno de sorpresas y de sabores inolvidables.

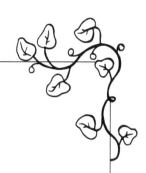

BIENVENIDOS al LIBRO
de la *Cocina botánica.*

Soy Carlotta y quiero guiaros en este recorrido. Veremos cuáles son los ingredientes vegetales y cómo utilizarlos, para lograr una alimentación buena, responsable y sostenible.

A menudo la cocina basada en ingredientes vegetales se contempla como una forma extraña, triste o limitada de alimentarse. A mí me gusta pensar que podría contribuir, de algún modo, a cambiar esta percepción errónea. Creo que los límites aparentes de esta cocina representan, en realidad, una gran ventaja creativa: de hecho, nos empujan a ir más allá, a recorrer caminos nuevos y distintos, a descubrir sabores y combinaciones que una alimentación tradicional, quizá, nunca nos habría dado la oportunidad de conocer y de poner encima de la mesa. Nos animan a salir de la rutina y a probar platos (y tipos de cocina) distintos a los que estamos acostumbrados.

Cocina botánica nace precisamente por esa razón: he dedicado los últimos cuatro años de mi vida a este proyecto con el objetivo de ayudar a la gente a descubrir el mundo de los vegetales en la cocina y, en consecuencia, a vivir de manera más sana y respetuosa con el medio ambiente que nos rodea.

En este libro encontraréis consejos sobre la alimentación basada en productos vegetales, sobre la organización de la compra y del menú semanal, junto con muchísimas recetas fáciles y sabrosas, adaptadas a todas las estaciones y a toda la familia.

COMER VERDURAS:
¿por qué?

Son muchas las razones por las que cada vez más gente decide pasarse (o acercarse) a una alimentación basada en productos vegetales: la defensa de los animales o razones de salud y ética suelen mencionarse siempre. Unas tienen más peso que otras para ciertas personas, pero en general todas coinciden en algunos puntos.

por los animales

La idea de que alguien pueda maltratar o matar a un perro o un gato nos incomoda, pero, si lo pensamos bien, en el mundo entero matamos continuamente a miles y miles de millones de animales maravillosos e inteligentes, nacidos y criados solo para nuestra mesa. Muchos crecen en la ganadería intensiva, obligados a vivir en espacios limitados, en condiciones antihigiénicas y terribles.

para contaminar menos

La producción de carne, pescado, huevos y lácteos genera un porcentaje muy importante de las emisiones globales de gases de efecto invernadero, incluso mayor que las emisiones de todos los medios de transporte juntos. En otras palabras: la ganadería contamina. Y por varias razones. Antes de convertirse en filetes, los animales necesitan comer y beber todos los días, durante toda su vida: se calcula que, para producir una sola hamburguesa, se necesitan alrededor de 2.500 litros de agua. ¡Eso equivale a la cantidad de agua que consume una persona para ducharse durante dos meses! Además, la ganadería también contamina por culpa del gas metano que emiten los propios animales.

por la salud

La Organización Mundial de la Salud ha declarado que las carnes rojas y procesadas son igual de cancerígenas que el humo. No se pone en duda que el consumo de estas carnes está relacionado con un mayor riesgo de desarrollar tumores. Además, los vegetarianos y los veganos están menos sometidos a sobrepeso y obesidad, y son mucho menos propensos a padecer enfermedades cardiovasculares y diabetes.

por el hambre en el mundo

Desgraciadamente, en el mundo unos comen carne mientras otros tienen hambre. Si, en un mundo imaginario, todos los habitantes de los países ricos optasen por una alimentación más vegetal, podríamos utilizar los recursos disponibles de manera más provechosa para todos. Por ejemplo, el agua y la comida necesarias para criar a los animales se podrían destinar a la gente que la necesita con urgencia.

para ahorrar

Una alimentación rica en cereales, legumbres, fruta y verdura (especialmente si son de cultivo local y de temporada) es un enorme ahorro para nuestro bolsillo. Carne, pescado y queso están entre los alimentos más caros en el carrito de la compra de aquellos que los consumen. Comer a base de verduras no significa solo comer semillas, aguacates y quinoa, como muchos piensan, sino alimentarse principalmente con productos locales, sanos, deliciosos y, pensémoslo bien, ¡también mucho más baratos!

para conocer la comida

Este tipo de cocina puede parecer, a primera vista, una gran limitación, pero, de hecho, no lo es. Podéis confiar en mí y hojear este libro. Aprenderéis a conocer cereales, fruta, verdura, legumbres y semillas que nunca os habíais imaginado. Empezaréis a comprar y a cocinar verduras y hortalizas que, de otra manera, quizá nunca habrían encontrado el camino a vuestras mesas. Distinguiréis las diferentes variedades del mismo ingrediente. Conoceréis la estacionalidad de cada producto. Y todos estos aspectos maravillosos os permitirán entender realmente lo que coméis.

¿ES DIFÍCIL SER VEGANO?

¡Seguramente es mucho más sencillo de lo que pensáis! El hecho es que casi todos hemos crecido comiendo carne, pescado, lácteos o huevos al menos una vez al día. Por eso, la idea de alimentarse sin esas «piedras angulares» nos parece muy difícil de realizar, casi imposible, tanto a nivel práctico como gustativo. Es absolutamente normal: todos los veganos habrán pronunciado como mínimo una vez la famosa frase «yo nunca podría ser vegano».

Pero el paso es realmente mucho más sencillo de lo que creemos. El truco, como veremos, es no imaginarse un plato medio vacío, al que le falta algo que antes había y ahora ya no está: tenemos que pensar en un plato lleno de ingredientes que, antes, por pereza o simplemente por nuestras viejas rutinas, nunca habíamos comprado… pero que serán una delicia y que contienen muchos nutrientes.

POR QUÉ SER «VEGANOS AMABLES» ES BENEFICIOSO PARA NOSOTROS Y PARA LOS DEMÁS

Una cosa importante que hay que tener presente es que convertirse en veganos no nos hace automáticamente mejores personas ni nos legitima para considerar inferiores a los que no han tomado esta decisión. Necesitaremos mucho tiempo para restaurar la reputación de los veganos en la opinión pública, con todos los estereotipos que se han creado acerca de este estilo de vida.

Para conseguirlo, la contribución del que ya es vegano, o quiere serlo, es extremadamente importante.

Si os convertís en veganos amables, es decir, si reflejáis una imagen positiva, respetuosa y razonable de vosotros mismos, aumentará la probabilidad de que la gente de vuestro entorno decida, algún día, seguir vuestro ejemplo, sin miedo a no superar los «requisitos de entrada». Una persona que tiene curiosidad por este estilo de vida, de hecho, se asustará ante un grupo de personas que sean excluyentes y tengan prejuicios, y probablemente intentará alejarse de ellas.

Por eso recomiendo no ser intransigente con la gente de nuestro entorno. Más bien tenemos que animar a los que nos rodean y alabar sus esfuerzos, antes de subrayar sus defectos. No podemos comunicar nuestra decisión, basada en la empatía y la compasión, a través de gritos y discusiones. Conservemos nuestra personalidad y nuestros intereses, sin dejar que nuestro yo-vegano sofoque todos los demás aspectos de nuestra personalidad y naturaleza.

Nos queda poco tiempo antes del desastre medioambiental, y es cierto que miles de millones de animales mueren cada semana para acabar en los platos de la gente de nuestro entorno. Pero pensémoslo bien: tenemos más necesidad de acción que de perfección. De nada sirve ser perfectos, si somos pocos. Por lo tanto, no aportamos nada a favor de la causa cuando subrayamos los «errores» de los que ya se están esforzando para introducir algunos cambios en su propio estilo de vida. Es mucho más eficaz si son muchos los que optan por este estilo de vida, cada uno con sus imperfecciones, aunque no se conviertan en veganos con mayúscula. Lo que cambia el mundo son los grandes números, no las pocas excelencias. ¿Y cómo podemos acercar a tanta gente a una alimentación más vegetal? Con amabilidad, educación y comprensión.

Si seguimos dividiendo la realidad en veganos y omnívoros, buenos y malos, blanco y negro, desgraciadamente, no iremos muy lejos. Todo lo contrario, cuanto más tolerante sea la «selección de entrada», cuanto más inclusivos, comprensivos e indulgentes se muestren los veganos actuales, antes conseguiremos nuestro objetivo. Todo el mundo deberá, por la fuerza, moverse en una dirección *plant-based* en cuestión de una o dos décadas: el estilo de vida actual no es sostenible, es un hecho demostrado. Podemos decidir hacer la guerra entre nosotros, o coger de la mano a nuestros amigos, parientes y conocidos, y enseñarles con amabilidad e inclusión lo que ya conocemos.

INGREDIENTES
&
nutrición

PERO ENTONCES, ¿QUÉ COMES?

Empecemos aclarando una cosa: en los últimos años el mal uso del término «vegano», utilizado para describir a los que solo comen productos vegetales en los medios de comunicación, evoca enseguida una imagen de privación, de tristeza, de falta de algo en nuestro plato. Yo, obviamente, no estoy de acuerdo con este tipo de descripción: seguir proyectando esta alimentación como un plato medio vacío no hará más que alejar a la gente de un estilo de vida que, sin embargo, es muy beneficioso. Tendríamos que concentrarnos en lo que efectivamente está en nuestro plato: cereales, legumbres, fruta, verdura, frutos secos y semillas oleaginosas. Todos ellos grupos alimenticios que, junto con un simple y económico suplemento de vitamina B_{12}, pueden garantizar una alimentación completa. Y entre ellos ¡realmente existe muchísima variedad!

Muy a menudo, los que «solo» comen productos vegetales suelen variar mucho más su alimentación que quienes también comen productos y derivados animales. ¿Por qué? Simplemente porque los integrantes del segundo grupo están convencidos de variar ya lo suficiente, y raras veces se esfuerzan por descubrir nuevos ingredientes y platos.

Alimentarse «solo» (o casi) con productos vegetales es, sin embargo, un trampolín hacia la experimentación en la cocina: probar verduras que antes no habíamos comprado nunca, variar los tipos de legumbres, consumir frutos secos, especias, hierbas aromáticas… y otros productos que antes nunca habían encontrado un hueco en nuestra cocina.

CEREALES Y DERIVADOS

Los cereales forman nuestra principal fuente de energía. Junto a sus derivados, deberían ser una parte integral de nuestra alimentación diaria, idealmente integrales y alternando con frecuencia entre las variedades.

Prácticamente todas las regiones o culturas en el mundo, a lo largo de su historia, se han asociado a algún cereal: China al arroz, Latinoamérica al maíz, España al trigo (y en parte también al arroz, sobre todo en Levante).

Desgraciadamente, lo de volcarse tanto en un solo cereal es muy poco inteligente desde el punto de vista nutritivo, pues no aprovechamos todo el potencial de este grupo alimentario. Algunos, por ejemplo, tienen una mayor concentración de ciertos minerales; otros contienen más proteínas respecto a sus compañeros.

Es como si consumiéramos un solo tipo de verdura todos los días del año. No es lo mejor, ¿verdad? Probablemente, no conseguiremos obtener de ellas todos los beneficios que nos podrían ofrecer, porque cada verdura tiene sus propiedades y sus puntos fuertes, distintos de los de otras.

Lo mismo ocurre con los cereales. Los que más se consumen —arroz, trigo y maíz— son los menos interesantes desde el punto de vista nutricional. El mijo, la cebada, el trigo sarraceno y la avena contienen muchos más minerales, fibras y vitaminas, en igualdad de volumen y de aporte energético. Entonces, ¿por qué no los alternamos más a menudo?

Este hallazgo es una buenísima oportunidad para empezar. No os dejéis intimidar por las cocciones largas, porque no es una razón de fondo: en muchísimos casos, existen en el comercio cocciones alternativas más rápidas, que también dan resultados buenísimos.

Sea como sea, cocer cereales en grano desde cero tampoco es un drama. Por lo general, se necesitan menos de 40 minutos, y con un poco de organización, no es una misión imposible, también porque ¡solo es tiempo de espera! No hace falta hacer nada más que dejarlos en una olla y, después, acordarse de escurrirlos. Una idea muy práctica, que yo adopto muy a menudo, es cocer una buena cantidad una vez por semana y, una vez hechos, congelarlos en mono-porciones, listas para el consumo.

Tipos de cereales

Otro punto a favor de variar los cereales de nuestra dieta es que no hace falta limitarse a los cereales en grano, porque también existen harinas, panes, pastas, tortas, crackers, cereales inflados o en copos hechos a base de otros distintos al trigo. Resumiendo, existe realmente una infinidad de posibilidades, basta con querer variar un poco.

Si empezamos a comprar productos que ya conocemos, como pan o pasta, pero hechos con cereales distintos, podemos integrar una amplia variedad de cereales en nuestra dieta, prácticamente sin enterarnos.

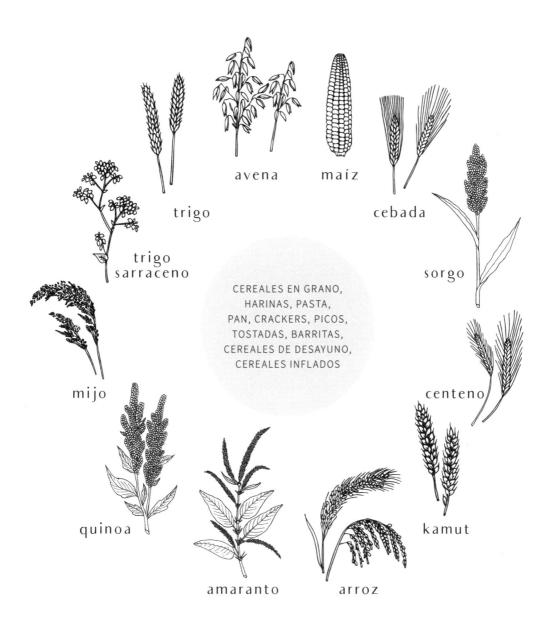

avena

maíz

trigo

cebada

trigo sarraceno

sorgo

CEREALES EN GRANO,
HARINAS, PASTA,
PAN, CRACKERS, PICOS,
TOSTADAS, BARRITAS,
CEREALES DE DESAYUNO,
CEREALES INFLADOS

centeno

mijo

quinoa

amaranto

arroz

kamut

¿ES CIERTO QUE LOS CEREALES ENGORDAN PORQUE CONTIENEN MUCHOS CARBOHIDRATOS?

Que los cereales, el pan y la pasta engordan solo por ser carbohidratos es un tremendo malentendido. Lo que engorda, en todo caso, es la cantidad y la densidad calórica de lo que consumimos: ya se trate de espelta, de carne, de dulces o incluso de aliños para ensaladas, lo que cuenta, al fin y al cabo, es el aporte calórico. No hay un alimento «culpable» de engordar por sí solo, y es una pena que, desde hace años, precisamente se demonicen los carbohidratos, cuando son un alimento que tendría que constituir la base de nuestra dieta diaria. De hecho, además de ser idealmente nuestra fuente principal de energía, también son bastante saciantes (especialmente en su forma integral, porque contienen mucha fibra), y por eso nos ayudan a no tener ganas de comer otros alimentos mucho más nocivos.

¿Qué son los seudocereales?

El trigo sarraceno, el amaranto, la quinoa y el sorgo forman parte de la categoría de los seudocereales. ¿Qué significa eso? Significa que, aunque muy a menudo los asociamos con los cereales, por su uso y cocción, en realidad no pertenecen a la familia de las gramíneas (esa es la familia de los cereales que hemos comentado hasta ahora). Producen pequeñas semillas que se pueden consumir en grano entero y a partir de las cuales podemos obtener harinas y todo tipo de productos, como crackers, pan, galletas…

Todos ellos están libres de gluten y son ricos en propiedades: contienen minerales, vitaminas del grupo B (una de ellas, obviamente, la vitamina B$_{12}$), vitamina E y muchísimas proteínas completas con todos los aminoácidos en las mejores proporciones.

Kamut, cuscús y bulgur

Kamut es el nombre comercial de una variedad particular del trigo, el *Triticum polonicum*, cultivada con métodos ecológicos. El gluten que contiene se digiere más fácilmente, comparado con el de otros cereales. No obstante, también existen otros tipos de trigo con características similares: por ejemplo, el trigo saragolla, una antigua variedad de trigo duro, cultivado en el sur de Italia.

El cuscús y el bulgur son, en cambio, dos productos derivados del trigo: no son dos cereales, como muchos creen, sino dos derivados del mismo cereal (el trigo, de hecho). El cuscús es el producto de un molido grosero de la sémola del trigo duro (o de otros cereales, como la espelta, la cebada o incluso harinas de legumbres), mientras que el bulgur se consigue a través de la germinación de trigo duro, secado y triturado posteriormente.

LEGUMBRES

Si la idea de empezar a comer legumbres cada día os genera tristeza, y conseguirlo os parece algo imposible, probablemente es porque, hasta el momento, solo las habéis mirado como una triste guarnición o un ingrediente para potajes y cremas. Quizá estáis acostumbrados a no comer más que algunos guisantes, tal vez lentejas o garbanzos. En realidad, hay muchísimas legumbres, tantas que, durante meses, podríamos comer una distinta cada día sin repetir ni una sola vez. Además, la mayor parte de ellas son locales: de hecho, muchas de las legumbres del mundo tienen su orígen en nuestras tierras.

Poca gente está acostumbrada a consumir legumbres con frecuencia. Y con eso, me refiero a casi una vez al día: esta recomendación no vale solamente para los que deciden empezar con una dieta vegetariana ¡sino para todo el mundo!

La pirámide de la dieta mediterránea recomienda su consumo a diario para todo el mundo, posicionándolo por debajo de la carne y el pescado, es decir, como alimento que tendríamos que consumir de forma frecuente.

Si, hasta ahora, no estáis acostumbrados a consumirlas no es ningún problema. Nada lo es. Pero cualquier momento es bueno para empezar: en vez de llenar el carrito en los puestos de carne y de pescado, podemos pasar por las estanterías de legumbres y aprovisionarnos de una buena cantidad de ellas antes de seguir con el resto de la compra.

Además de ofrecer una tremenda variedad, se prestan a cocciones de todo tipo. En este libro quiero daros algunas ideas: por citar solo algunas, las podemos integrar en nuestras ensaladas, convertirlas en deliciosos purés, batirlas en cremas como el humus de garbanzos (¡uno de los acompañamientos más apreciados del mundo!), utilizarlas como salsas para la pasta o el arroz, transformarlas en albóndigas, en croquetas o hamburguesas.

SI A MI FAMILIA NO LE GUSTAN LAS LEGUMBRES, ¿CÓMO LAS INTRODUZCO EN LA MESA?

Si no estáis acostumbrados a servir legumbres en la mesa, es normal que vuestra familia no tarde en soltar el primer «no me gusta» o «no quiero». Lo mismo ocurriría con cualquier otro alimento desconocido.

Podéis intentar cocinarlas como albóndigas o hamburguesas, para acostumbrar el paladar de los comensales. También la idea de «esconder» un poco de harina de garbanzo en el pan es muy buena, sobre todo las primeras veces. También podéis triunfar con unos crackers o una crema untable como el humus. Recordad que este se suele hacer con garbanzos ¡pero también se puede preparar con otras legumbres!

Por ejemplo, podéis probar el humus de alubias blancas, de guisantes o de edamame, esas judías verdes gordas que se comen en los restaurantes japoneses y que seguramente podéis encontrar en la sección de congelados del supermercado.

Una vez que el paladar de tu familia se acostumbre a estos nuevos sabores, os aseguro que pasar a las legumbres en grano ya no será tan difícil.

ingredientes & nutrición

Probablemente uno de los elementos disuasorios más comunes por el que no consumimos más legumbres es la cocción: casi todas ellas necesitan mucho tiempo, sea en remojo o en la olla. Pero, como decíamos, basta con organizarse un poco, pues no es una operación complicada, tan solo un momento de espera. Además, podemos cocer una gran cantidad y, una vez escurridas, congelarlas en porciones, listas para consumir.

Pero si cocer las legumbres secas desde cero no es una opción posible, antes que no comerlas, hay que saber que existen otras posibilidades.

legumbres en conserva
Una buenísima manera de aumentar su consumo, ideal para los que no pueden pasar tanto tiempo en la cocina. Basta con aclararlas debajo del grifo para eliminar la sal con la que estaban envasadas.

legumbres frescas
Especialmente judías y guisantes en primavera, son buenísimos crudos, en ensaladas o cocidos justo unos minutos en la sartén o en agua hirviendo.

legumbres congeladas
Son una buena alternativa para las legumbres secas y solo necesitan unos pocos minutos de cocción.

harinas de legumbres
Perfectas para hacer pan, crackers o palitos, pero también para preparar la famosísima farinata de garbanzos italiana o, ¿por qué no?, salsas deliciosas en poco tiempo.

pasta de legumbres
Se puede comprar hecha y no suele necesitar más de 5 minutos de cocción. ¡Aquí ya no hay excusa!

legumbres secas precocidas
La legumbre ya está cocida, normalmente al vapor, y después secada. De este modo la cocción que queda por hacer es mínima: bastan pocos minutos.

copos de legumbres
Son como los copos de avena, de espelta o de otros cereales, solo que, en este caso, están hechos de legumbres. Perfectos para consumir en el desayuno o para incluir en la masa de nuestras tartas o galletas.

LAS LEGUMBRES SON RICAS EN PROTEÍNAS, PERO TAMBIÉN EN CARBOHIDRATOS. ¿NO ACABARÉ CONSUMIENDO CARBOHIDRATOS EN EXCESO?

No hay que tener ningún miedo a la cantidad de carbohidratos presentes en las legumbres, ni en los alimentos vegetales en general. Demasiadas veces, la «carbofobia» se debe al miedo a engordar, pero podéis estar tranquilos: los veganos están entre las personas más delgadas del planeta. ¿Cómo es posible, si comen tantos alimentos ricos en carbohidratos?

La respuesta es sencilla: los cereales, las legumbres, la fruta y la verdura sí que contienen carbohidratos, pero son alimentos con baja densidad calórica por su casi nulo contenido en grasas.

Después de comerlos nos sentiremos saciados, sin tener ganas de abrir el tarro de helado a las once de la noche o de atacar algún bollo de la máquina en la oficina.

Es cierto, a todos nos gusta un dulce de vez en cuando, y también los veganos nos lo comemos tranquilamente. Pero el tema es otro: los que adoptan una dieta vegetariana permanecen delgados porque notan menos el hambre, precisamente gracias a los carbohidratos.

LAS LEGUMBRES ME HINCHAN, ¿QUÉ PUEDO HACER?

Este es un problema muy común, pero si coméis correctamente, la sensación de hinchazón desaparecerá al cabo de unas semanas. ¿Por qué nos sentimos hinchados después de ingerir legumbres? Porque nuestra flora bacteriana no está acostumbrada a su presencia. En otras palabras, los «culpables»

no son ellas ¡sino nosotros! Las bacterias de nuestro intestino, que no están acostumbradas a encontrarse con esas fibras, a menudo y no saben manejarlas y metabolizarlas correctamente, por lo que se forman gases. Para evitarlo, recomiendo introducir las legumbres poco a poco en la dieta, empezando con pequeñas

cantidades, e ir aumentándolas poco a poco. Además, os aconsejo consumir legumbres sin piel, porque es ahí donde encontramos la mayor parte de las sustancias que son difíciles de metabolizar. También utilizar harina o pasta de legumbres es una manera ideal para empezar.

SOJA Y DERIVADOS

Decidí dedicar un capítulo especial a la soja porque es una legumbre envuelta en un gran halo de misterio. La soja se distingue de las demás por su mayor contenido proteico, además del hierro y el calcio. Tiene muchísimas proteínas, razón por la cual es considerada popularmente un alimento alternativo a la carne.

Por culpa de algunos temores infundados, hoy en día muy extendidos, mucha gente la evita. Es una auténtica pena, porque tiene muchas propiedades y la podemos utilizar para crear una infinidad de productos, algunos muy difundidos en la alimentación vegetariana y vegana. Por ejemplo, podemos encontrar los siguientes en casi cualquier supermercado:

bebidas a base de soja
También llamadas «leche de soja», son muy buenos sustitutos para la leche, en recetas dulces y saladas (por ejemplo, en la p. 110, utilizaremos leche de soja para preparar una deliciosa bechamel).

bebidas de soja fermentada (yogur)
Ideales para desayunos y tentempiés ligeros y deliciosos. Se encuentran sin azúcar y azucaradas o con fruta, igual que los yogures de leche de vaca.

tofu
Es probablemente el producto más famoso a base de soja, que deja a mucha gente escéptica por su «falta de sabor». Pero es normal: estaríais equivocados si esperarais encontrarle sabor a queso *feta*. El tofu no se suele comer solo: es una especie de esponja bastante insípida, pero muy versátil en la cocina, y puede ser una delicia si se cocina de manera adecuada. Si lo habéis probado a secas y no os ha gustado, tenéis razón. Pero no es motivo para descartarlo: la mejor manera de servir el tofu es aliñándolo con otra cosa. Hay que darle una nueva oportunidad: es un comodín increíble en la cocina, perfecto para cremas y paté de verduras, albóndigas, dulces y mucho más.

tempeh
Es un panecillo de aspecto granuloso, hecho con la soja entera fermentada. Contiene más proteínas que el tofu y, al igual que este, absorbe el sabor de los ingredientes con los que está marinado o cocinado.

edamame
Son las semillas de la soja que aún no han madurado y están buenísimas. Hoy, gracias a los restaurantes japoneses, son muy conocidas.

miso
Es una especie de cubito japonés, hecho con semillas de soja fermentadas, además de sal y hongo *koji*. Tiene un sabor único, llamado umami, y se utiliza en muchos platos orientales (pero no solo) como la famosa sopa de miso.

proteína de soja
Proteína vegana en polvo.

sustitutos de carne
Como hamburguesas, salchichas, nuggets vegetales. No son exactamente la opción más sana, pero muy a menudo están hechos a base de soja.

salsa de soja y tamari
La salsa de soja es una salsa fermentada, conseguida a partir de soja, trigo tostado, agua y sal, de origen oriental y difundida en todo el mundo. El tamari es la versión típica de la cocina china, sin gluten, porque no utiliza trigo.

¿Es cierto que la soja provoca cáncer de mama?

Los fitoestrógenos de la soja, al contrario de lo que podría sugerir el nombre, no tienen un efecto estimulante en los tejidos del pecho. Desde el momento en el que se enlazan con el receptor de los estrógenos sin activar una respuesta, protegen contra una excesiva estimulación por parte de nuestros estrógenos y de todas aquellas moléculas similares a los estrógenos (que se llaman alteradores endocrinos) con las que, desafortunadamente, estamos en contacto de manera continua. Exactamente por esa razón, la persona que consume soja tiene un menor riesgo de desarrollar tumores hormono-dependientes (como los de mama en las mujeres y los de próstata en los hombres).

Soja y medio ambiente

Es cierto que los cultivos de soja son la causa de una gran parte de las desforestaciones, especialmente en Latinoamérica. Esta es una gran amenaza para la biodiversidad y la naturaleza. Pero también es cierto que la mayor parte de la soja se cultiva para alimentar a los animales de granja, no para convertirse en tofu. Se calcula que menos del 6 % de la producción mundial está destinado a alimentos para el consumo humano. Así que si limitamos el consumo de carne, también reduciremos el impacto provocado por el cultivo de soja.

El corazón se beneficia

Uno de los mayores beneficios derivados del consumo de soja es la reducción de los niveles de colesterol total y de colesterol malo y, como consecuencia, la mayor prevención de las patologías cardiovasculares. Además, la soja contiene mucha fibra que no solamente ayuda a regular el tránsito intestinal, sino que también reduce la curva glucémica postprandial y obstaculiza la absorción de colesterol.

¿Y la tiroides?

Según algunos estudios, la ingesta de isoflavonas, contenidas en la soja, podría interferir con la actividad de la tiroides. Sin embargo, un aporte adecuado de yodo garantiza que la soja no represente ningún problema para la función tiroidea. Alimentos con mucho yodo son nuestra habitual sal yodada, o bien las algas que comemos cuando vamos al restaurante japonés. Solamente hay que tener cuidado si seguís una terapia hormonal sustitutiva para la hormona producida por la tiroides: en ese caso, se aconseja consumir la soja a unas horas de intervalo respecto a la terapia hormonal, porque podría interferir en su absorción.

Soja OGM

OGM significa «organismo genéticamente modificado»: se trata de plantas, microorganismos o animales en los que parte del patrimonio genético se ha modificado con técnicas de ingeniería genética. La técnica OGM se utiliza esencialmente para los seres vivos vegetales con fines alimenticios e industriales. El tema de la soja OGM centra grandes debates, pero hay que destacar una cosa: por ley, la soja para el consumo humano en Europa no es transgénica. Además, no existe ninguna prueba de que los alimentos genéticamente modificados provoquen alergias, resistencia a antibióticos o, en general, daños para la salud y el medio ambiente.

Soja y menopausia

No hay que tener miedo del efecto, parecido al de los estrógenos, que tienen las isoflavonas que contiene la soja. De hecho, un consumo regular de soja ayuda a mitigar los síntomas de la menopausia y a mejorar la mineralización del hueso. Os dejo una anécdota curiosa: en japonés, el término «sofocos» no se utiliza. ¿Adivináis por qué? Porque, precisamente gracias al consumo de soja, muy presente en la dieta japonesa, las mujeres sufren mucho menos esa molestia.

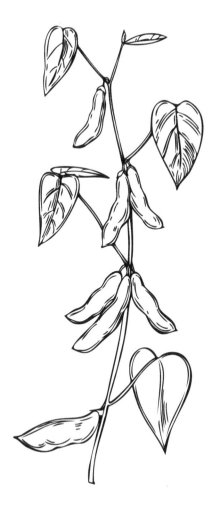

NUTRIENTES PRESENTES EN LA SOJA

PROTEÍNAS Es una de las legumbres que más proteínas contiene en términos absolutos, superada únicamente por los lupinos.

GRASAS SANAS Contiene principalmente grasas mono- y polinsaturadas, ideales para la salud (a diferencia de las grasas saturadas, presentes en la carne y el queso).

CALCIO La soja ayuda a mantener la densidad ósea, y probablemente también a reducir el riesgo de fracturas tras la menopausia.

HIERRO La soja contiene 6,9 mg de hierro por 100 g, que es casi la mitad de la necesidad diaria de hierro para un hombre adulto.

ISOFLAVONAS Son un tipo de fitoestrógenos con propiedades antioxidantes, eficaces en la prevención de tumores hormono-dependientes, como los de mama y próstata.

VERDURA

Caracterizadas por una inmensa variedad de colores, formas, sabores y tamaños, las verduras contienen muchísima agua y fibra, a la vez que muy poca azúcar, grasas y proteínas.

Cada una tiene sus propias particularidades respecto al aporte de vitaminas y otros nutrientes, pero asegurarse siempre de la presencia del verde en nuestra nevera y nuestros platos es algo esencial: las verduras de ese color, de hecho, son las que contienen más calcio, hierro, antioxi-dantes y otras sustancias beneficiosas para el organismo. Las verduras verdes son, sin duda, las mejores desde el punto de vista nutritivo, pero también existen muchos argumentos para comprar las de otros colores.

En vez de distinguir las verduras de manera científica, he preferido crear una clasificación que las reúne en grupos, basada en la parte de la planta más utilizada en la cocina. Obviamente, siempre recomendamos intentar no desperdiciar nada y acabar aprovechando también los descartes.

verduras de bulbo

Conocidas por su contenido en sustancias azufradas, tienen una función antiséptica y ayudan al sistema respiratorio. También contribuyen a reducir el colesterol. Son básicas en la cocina y se utilizan muy a menudo para sazonar. Se pueden incluir crudas en las ensaladas y son perfectas para condimentar sopas y salsas.

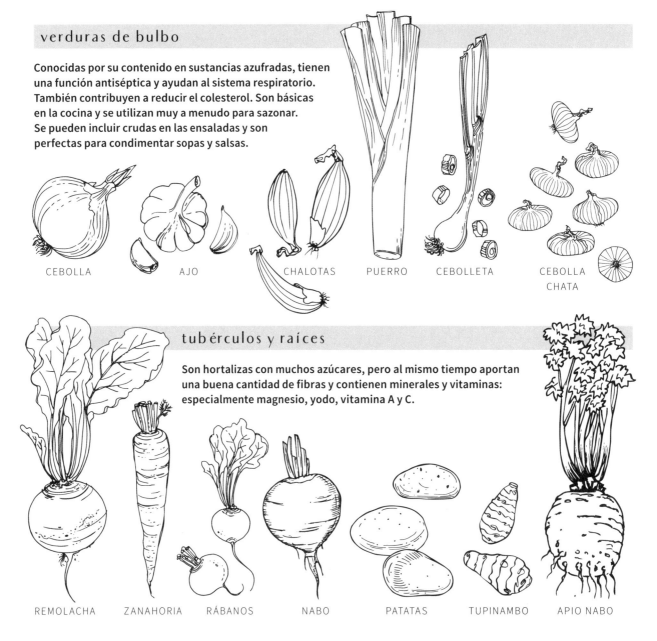

CEBOLLA   AJO   CHALOTAS   PUERRO   CEBOLLETA   CEBOLLA CHATA

tubérculos y raíces

Son hortalizas con muchos azúcares, pero al mismo tiempo aportan una buena cantidad de fibras y contienen minerales y vitaminas: especialmente magnesio, yodo, vitamina A y C.

REMOLACHA   ZANAHORIA   RÁBANOS   NABO   PATATAS   TUPINAMBO   APIO NABO

verduras de hoja

Tienen un alto contenido de hierro, calcio (excepto acelgas y espinacas) y magnesio. Contienen vitamina K, que interviene en la regulación de la coagulación de la sangre, vitamina C y vitamina A, útiles para reforzar el sistema inmunitario. Además, tienen mucha fibra, por lo que protegen el intestino.

LECHUGA Y OTRAS HOJAS DE ENSALADA   *RADICCHIO*   ESPINACAS   HOJAS DE REMOLACHA   BERRO   ACELGA   RÚCULA

verduras de fruto

Son, en realidad, frutos, que contienen semillas en su interior. Algunas semillas son comestibles, mientras que otras se tienen que eliminar para poder consumir la verdura (es el caso del pimiento). Salvo la berenjena, que debe cocinarse antes de ser consumida, todas estas verduras también se pueden comer crudas y forman la base de muchas salsas, cremas y estofados. Contienen cantidades discretas de vitamina A, importante para el proceso de diferenciación celular y la vista, y de vitamina C, antioxidantes que ayudan en la absorción del hierro.

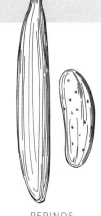

BERENJENAS   PEPINOS

PIMIENTOS   TOMATES   CALABAZA   CALABACINES

verduras de flor

La familia de las crucíferas es extremadamente útil para proteger nuestra salud: cada una de estas verduras contiene, de hecho, potentes antioxidantes, y es una fuente de vitamina C y de minerales como el calcio, el magnesio, el fósforo y el potasio.

REPOLLO

COLES DE BRUSELAS

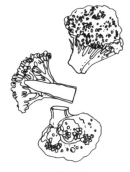

BRÓCOLI

COLIFLOR

COL ROMANESCO

COL LOMBARDA

tallos y brotes

Buenísimos, tanto preparados como crudos, muy ricos en fibra y muy saciantes. Además, contienen potasio, magnesio, yodo, vitamina C y A. Especialmente el hinojo, los espárragos y el apio son aliados de la digestión y tienen propiedades diuréticas y drenantes.

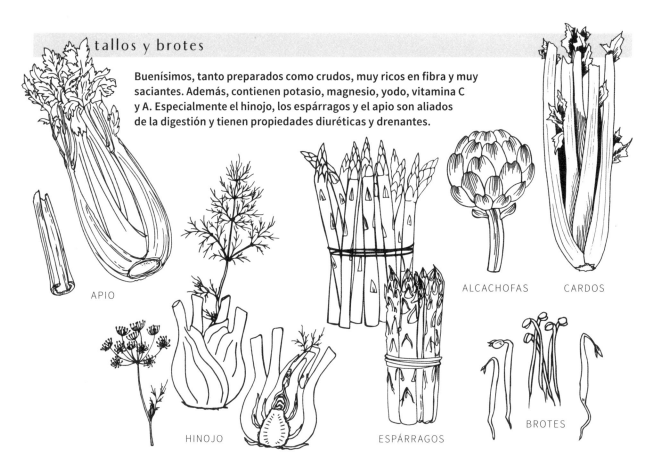

APIO

ALCACHOFAS

CARDOS

HINOJO

ESPÁRRAGOS

BROTES

ingredientes & nutrición

FRUTA

La fruta, igual que la verdura, es rica en agua y fibra, contiene una gran cantidad de vitaminas, nutrientes, azúcares, y pocas grasas y proteínas (con la excepción de la fruta harinosa y oleosa, como veremos más tarde).

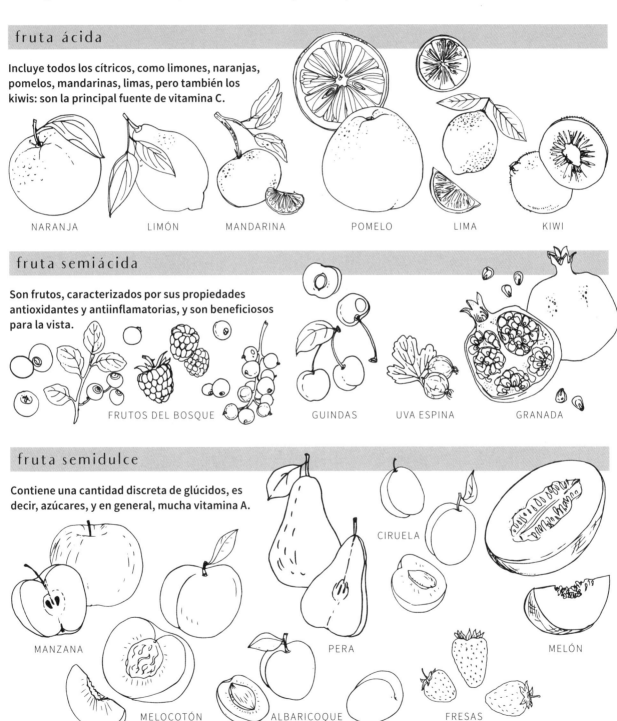

fruta ácida

Incluye todos los cítricos, como limones, naranjas, pomelos, mandarinas, limas, pero también los kiwis: son la principal fuente de vitamina C.

NARANJA   LIMÓN   MANDARINA   POMELO   LIMA   KIWI

fruta semiácida

Son frutos, caracterizados por sus propiedades antioxidantes y antiinflamatorias, y son beneficiosos para la vista.

FRUTOS DEL BOSQUE   GUINDAS   UVA ESPINA   GRANADA

fruta semidulce

Contiene una cantidad discreta de glúcidos, es decir, azúcares, y en general, mucha vitamina A.

CIRUELA

MANZANA   PERA   MELÓN

MELOCOTÓN   ALBARICOQUE   FRESAS

fruta dulce

Tiene generalmente un contenido mayor de azúcares, respecto a otros tipos de fruta (entre un 15 y un 22 %).

PLÁTANOS

HIGOS

SANDÍA

CAQUIS

DÁTILES

UVAS

fruta harinosa

Está constituida parcialmente de almidón y es particularmente azucarada. Incluimos aquí las castañas y las algarrobas (son, en realidad, legumbres, pero las clasificamos como frutos por su dulzura). Estos frutos también se utilizan mucho en forma de harina y tienen una importante capacidad saciante, por su alto contenido en fibra.

CASTAÑAS

ALGARROBAS

fruta oleosa fresca

Tienen un elevado aporte energético, debido a la presencia de lípidos.

ACEITUNAS

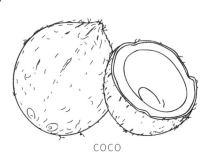

COCO

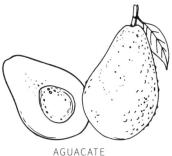

AGUACATE

CADA COLOR TIENE SUS PROPIEDADES

VERDE Las frutas y verduras verdes tienen una gran capacidad antioxidante, ayudan al organismo a prevenir patologías coronarias y varios tipos de tumores; además, contribuyen al buen funcionamiento de la vista y las células epiteliales. Son las que más magnesio, hierro, fósforo y potasio contienen.

AZUL/MORADO Los alimentos de este color protegen de manera particular la vista y las vías urinarias.

Las antocianinas, responsables de los tonos azulados, desarrollan una acción antioxidante y protectora.

Estas frutas y verduras son ricas en fibra y carotenoides, activos contra las patologías neurodegenerativas y el envejecimiento cutáneo.

AMARILLO/NARANJA Las frutas y verduras de este color ayudan a prevenir tumores, patologías cardiovasculares y envejecimiento celular, potenciando también la vista. El secreto está en los flavonoides, que actúan prevalentemente a nivel gastrointestinal, neutralizando la formación de radicales libres. Su pigmento es el beta-caroteno, precursor de la vitamina A, una molécula con actividad antitumoral demostrada, que nos ayuda a absorber el hierro vegetal.

ROJO Estos vegetales deben su hermoso color al licopeno y los antocianos, potentísimos antioxidantes. Se distinguen, en particular, por sus importantes propiedades antioxidantes y por su capacidad de prevenir tumores y patologías cardiovasculares, protegiendo también el tejido epitelial.

Las antocianinas y los carotenoides, particularmente presentes en las naranjas rojas, las fresas y las cerezas, son muy buenos contrarrestando la fragilidad capilar y potencian la vista. Finalmente, los alimentos rojos son los más ricos en vitamina C, uno de los principales responsables de la buena absorción del hierro.

BLANCO Ricas en vitaminas, fibra y potasio, las frutas y verduras de este color favorecen la prevención del envejecimiento celular y ayudan en la regularidad intestinal. La quercetina contenida en estos alimentos defiende el organismo contra los riesgos de tumores.

Guía para la compra y la conservación

La frutería, los comercios ecológicos y el mercado son mis opciones preferidas para comprar fruta y verdura. Si vivís en el campo, podéis comprar directamente al agricultor, mientras que los de ciudad, que soléis tener una vida más frenética y solo tenéis tiempo para hacer la compra de vez en cuando, deprisa y corriendo, podéis aprovechar servicios de entrega a domicilio. Muy a menudo, la calidad de los productos ofrecidos por estos negocios supera con creces la del supermercado.

Siempre hay que dar preferencia a la fruta y la verdura de temporada, si es posible, locales o, como mínimo, de cultivo nacional, que tienen un aspecto maduro, pero no demasiado. Hay que evitar la que se cosechó mucho antes de su maduración y también la que ya ha tenido su mejor momento: seguro que lo sabéis distinguir, porque la fruta (o la verdura) pierde su color brillante y ya no tiene una textura firme.

En cuanto al precio, hay que tener cuidado de que no nos timen, pero al mismo tiempo, si estáis seguros de la calidad de los productos, también tenéis que estar dispuestos a pagar un poco más: el trabajo de los agricultores honestos y la calidad de los productos merecen un precio justo. Finalmente, hay que evitar frutas y hortalizas ya lavadas y cortadas, porque ¡esas se venden a precios desorbitados! Y, además, ¡su envase es, muy a menudo, un enorme derroche de plástico!

Yo suelo conservar la mayor parte de la fruta y la verdura en la nevera, pero algunas están mejor fuera: son los plátanos, los tomates, las patatas, las cebollas y el ajo (los tres últimos se conservan mejor en lugares frescos, secos y, sobre todo, oscuros).

Si habéis comprado demasiada fruta y no tenéis previsto consumirla en el plazo de unos días, no hay que tener miedo de congelarla: ¡es una solución ideal para hacer zumos o batidos caseros!

¿Y LA FRUTA Y LA VERDURA CONGELADA?

Siempre recomiendo comer la mayor cantidad posible de fruta y verdura fresca y de temporada, pero si algún día no conseguís hacer la compra, o bien si siempre estáis corriendo arriba y abajo, y no tenéis tiempo para cocinar, conviene comprar y comer fruta y verdura congelada; es, de hecho, mucho mejor que no comerla.

Es cierto que pierden algunas de sus propiedades nutritivas, pero ¡siempre será mejor que nada! Por lo tanto, sí, en algunos casos, la fruta y verdura congelada pueden ser buenas aliadas.

¿ES CIERTO QUE, SI ESTÁN CONTAMINADAS, LA FRUTA Y LA VERDURA PERJUDICAN LA SALUD?

Si lo que, hasta el momento, os ha disuadido de consumir fruta y verdura en abundancia es el miedo de que puedan estar contaminadas y/o llenas de pesticidas, hay que saber que no existe un motivo real para temer esta categoría de alimentos: en igualdad de exposición a pesticidas y contaminantes medioambientales, es mucho mejor comer directamente los vegetales que los derivados de animales que, a su vez, se alimentan con vegetales.

A lo largo de la vida de esos animales, de hecho, las sustancias dañinas que nos preocupan se acumulan en su tejido, especialmente en los adiposos y, por lo tanto, acaban por estar «concentradas» en su carne y su leche.

FRUTOS SECOS Y SEMILLAS OLEAGINOSAS

Se debería dedicar un libro entero a los frutos secos, a veces temidos por su elevado aporte calórico, pero que, al contrario, favorecen la saciedad con su alto contenido de fibra y son fundamentales en una dieta equilibrada.

Resultan imprescindibles para asimilar de manera natural los minerales: contienen muchísimo potasio, fósforo, cobre, zinc, sal, hierro, vitaminas del grupo B (salvo la B_{12}) y E. En este grupo encontramos las almendras, las nueces, las avellanas, los cacahuetes, los piñones, los pistachos, los anacardos, las pecanas y las nueces de Macadamia. Aunque el consumo de frutos secos está muy recomendado (lo ideal son unos 30 g diarios), únicamente unos pocos logran seguir estas indicaciones. La mayor parte de la gente solo está acostumbrada a ingerirlos durante las fiestas navideñas o, como mucho, dentro de algún dulce o barra energética. Iniciar una alimentación basada en productos vegetales es seguramente una buena ocasión para empezar a consumirlos regularmente y aprovechar todos sus beneficios. Además, hacerlo es muy sencillo, porque los frutos secos se pueden conservar durante mucho tiempo en nuestras despensas, dentro de sus envases, y son ideales para un tentempié rápido, para añadir al yogur del desayuno o para sabrosos aliños de ensaladas o platos.

También están las deliciosas «mantequillas» de frutos secos: el nombre puede engañar, pero os aseguro que de mantequilla ¡no tienen nada! Son cremas obtenidas después de triturar uno o más tipos de frutos secos durante mucho tiempo: exactamente como la mantequilla de cacahuetes, la más conocida. Pero se puede hacer con almendras, avellanas y cualquier otro fruto seco que se nos ocurra. Son deliciosas, sanas y riquísimas para untar en el pan o en la fruta y darles más sabor, pero también para añadir al yogur o a los batidos, volviéndolos más nutritivos.

Los frutos secos contienen más del 50 % de grasas y tienen un elevado aporte calórico, pero eso no debería causarnos ningún miedo: de hecho, ¡sus beneficios superan con creces las calorías! Esta categoría de productos contiene grasas sanas, nos suministran proteínas sin grasas saturadas, aportan mucha fibra alimentaria y contienen poco azúcar. Además, la presencia de ácido oleico y ácido linoleico convierte a los frutos secos en unos aliados muy valiosos en la prevención de enfermedades cardiovasculares.

Semillas oleaginosas

Son parecidas a los frutos de cáscara en cuanto a sus propiedades. De hecho, todas las semillas comparten un alto contenido de grasas, proteínas y fibras. Las más comunes son las semillas de sésamo, de girasol, de calabaza, de amapola, de lino, de chía y de cáñamo. Estos alimentos son beneficiosos por su contenido en grasas poliinsaturadas, ácidos grasos de la familia de las omega 3. Estas últimas contrarrestan el colesterol y mejoran las funciones cardíacas, actúan como antiinflamatorio y están particularmente presentes en las semillas de lino y de chía.

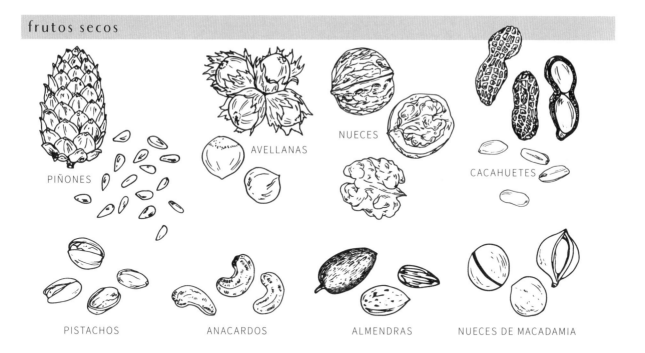

PIÑONES

AVELLANAS

NUECES

CACAHUETES

PISTACHOS

ANACARDOS

ALMENDRAS

NUECES DE MACADAMIA

LAS PROPIEDADES DE LAS SEMILLAS DE LINO

Representan una de las mejores fuentes naturales de ácidos grasos omega 3. Dos cucharadas de semillas de lino trituradas (o de aceite de semilla de lino) son suficientes para cubrir la necesidad diaria de omega 3. Las trituramos porque, de lo contrario, ¡las eliminaríamos tal cual, sin poder absorber los valiosos nutrientes que contienen en su interior! Además, modulan de manera positiva la actividad del sistema inmunitario, son útiles en la lucha contra el colesterol y los coágulos de sangre, para reducir la resistencia a la insulina, para la prevención de tumores y de depresiones, así como para la protección y el funcionamiento correcto de muchos órganos vitales.

La riqueza en ácidos grasos poliinsaturados amplifica, sin embargo, los problemas de conservación: el aceite de semilla de lino, de hecho, que se obtiene por prensado en frío, se vuelve rancio en muy poco tiempo, por lo que es necesario mantener las temperaturas bajas a lo largo de toda la cadena de suministro. Por lo tanto, ¡hay que tener cuidado y guardarlo siempre en la nevera!

LA HISTORIA DE LAS SEMILLAS DE CHÍA

En la antigüedad, las semillas de chía eran el alimento base de la dieta azteca, que cultivaba esta planta en grandes cantidades. Las semillas de chía eran un componente fundamental en la vida en esta sociedad precolombina: se creía que tenía propiedades vigorizantes y que conferían una fuerza extraordinaria a la persona que las comía.

También otros pueblos indígenas, como los maya, eran grandes consumidores de semillas de chía. Aparte de su uso en la cocina, también las utilizaban en ceremonias religiosas, como las ofrendas a los dioses, para pedir a cambio una cosecha y una temporada favorable.

Los españoles trajeron las semillas de chía a Europa tras el descubrimiento de América y en los últimos años están viviendo un auténtico *boom*, precisamente gracias a sus propiedades beneficiosas.

Se conservan fácilmente y duran mucho tiempo, a diferencia de otros tipos de semillas (por ejemplo, las de lino). Es posible conservarlas en la despensa en recipientes cerrados, incluso durante años, sin que se vuelvan rancias.

BEBIDAS VEGETALES Y OTROS SUSTITUTOS DE LOS LÁCTEOS

En los últimos años, el espacio que ocupan las bebidas vegetales en las estanterías del supermercado ha crecido de manera exponencial, al igual que las variedades. Hace diez años podíamos encontrar leche de soja, de almendra y de arroz (con un poco de suerte), mientras que hoy en día existen leches de avellana, de quinoa, de coco, de mijo, de anacardos… y lo que se nos ocurra. Lo cierto es que ahora sustituir la leche vacuna, en cualquier situación, es realmente sencillo.

La leche vegetal no me gusta. ¿Qué hago?

Si habéis probado la leche de soja (o cualquier otra leche vegetal) y creéis que no es exactamente de vuestro gusto, pues… tenéis que saber que todos hemos pasado por esa fase. Es normal que alguien que no está acostumbrado al sabor lo perciba inicialmente como algo que no le gusta. ¡Solo hay que pensar en la primera vez que probasteis el café o el vino! Con un poco de paciencia, estoy convencida de que la cosa mejorará. Y, si no es así, se pueden probar otras marcas. Ocurre lo mismo que con los zumos de fruta o el café, no todas las lechas vegetales son idénticas; yo también tengo mis preferencias por algunas marcas y algunos sabores.

¿Y el yogur?

Por lo que respecta al yogur, el tipo más común es, sin duda, el que se produce a base de soja: el mercado ofrece muy poca variedad, comparado con la que encontramos en las bebidas. También existen yogures a base de coco que, aunque deliciosos, contienen muchas más grasas saturadas y son menos sostenibles desde el punto de vista medioambiental. Finalmente, también encontramos los yogures de arroz, avena o almendra, pero esos contienen mucho azúcar. Yo utilizo casi exclusivamente yogur de soja blanco sin azúcar al que, según el día, puedo añadir fruta fresca, frutos secos, cereales e incluso una cucharadita de mermelada.

ACEITES Y GRASAS VEGETALES

En la cocina vegetal, especialmente en los países mediterráneos, la grasa más utilizada es, sin duda, el aceite de oliva virgen extra, ideal también para no desequilibrar demasiado la relación entre ácidos grasos omega 6 y omega 3. Obviamente, siempre es mejor no exagerar. A pesar de ser una «grasa buena», es importante tener en cuenta que sigue siendo una grasa, es decir, un alimento altamente calórico. Una cucharada de aceite de lino al día es una buena opción para introducir el omega 3 en la alimentación. Sin embargo, hay que tener cuidado y comprar un producto de calidad, que siempre se ha conservado en frío. Si no lo encontráis, o no lo queréis, ningún problema: podéis optar por las propias semillas de lino, chía y nueces para asimilar las cantidades suficientes. Hay que acordarse de triturar los dos primeros tipos hasta obtener una especie de polvo, para optimizar el aporte.

En cuanto a la preparación de dulces, yo suelo evitar la margarina vegetal, porque es un alimento muy procesado y poco sano. En su lugar, utilizo sobre todo dos aceites: el de semillas de girasol (siempre intento encontrar uno ecológico) y el de coco, del que existen dos variantes: el que sabe a coco y el que no tiene sabor, llamado «refinado». Naturalmente, recomiendo utilizar ambos con moderación.

OTROS ALIMENTOS

edulcorantes

Jarabe de arce, de agave, malta, dátiles, estevia, azúcar de coco, de caña… estos son solo algunos de los miles de edulcorantes derivados del mundo vegetal. Os aconsejo no abusar de ellos, pero es obvio que estos ingredientes son fundamentales para tartas y dulces, tanto en la cocina vegetal como en cualquier otra.

conservas en aceite o vinagre

Muy útiles en la despensa, pueden incluir diferentes variedades de ingredientes, pero principalmente se trata de verdura. Podemos encontrarlas al natural (como las aceitunas), secas (como los tomates secos), horneadas o asadas. Son ideales como recurso para servir unos entrantes improvisados o un aperitivo, pero también para preparar un bocadillo cuando tenemos prisa.

especias y hierbas aromáticas

Aliados imprescindibles en la cocina tanto para sazonar nuestras recetas con deliciosos sabores y aromas como para hacer una recarga de salud: de hecho, casi todas las especias y hierbas aromáticas tienen propiedades beneficiosas y son capaces de actuar de maneras muy diversas y positivas en nuestro organismo, principalmente gracias a las sustancias antiinflamatorias y antimicrobianas que contienen.

algas

Muy aprovechadas en la cocina asiática, seguramente las habréis probado en algún restaurante japonés: existen muchos tipos y cada una tiene sus propiedades. En general, todas contienen sustancias beneficiosas para el organismo, pero para asimilarlas en cantidades relevantes, realmente tendríamos que comer muchas, lo que nos haría ingerir un exceso de yodo y de metales pesados, que las algas traen consigo desde las aguas marinas (desgraciadamente hoy no muy limpias). No hay que negarse a comerlas, pero tampoco las recomiendo a diario.

ALGA KOMBU Y LEGUMBRES

A mucha gente le cuesta digerir las legumbres y ahí es donde nos puede ayudar el alga kombu: basta con añadir un trocito de esta alga al agua de cocción de cualquier legumbre, o bien directamente al agua de remojo (un trozo de alga de 5-6 cm^2 es suficiente). Las sustancias que contiene el alga kombu ablandan efectivamente la piel de las legumbres: de esa manera, serán más fáciles de comer y también más fáciles de digerir.

levadura

Los veganos utilizan la levadura, ya sea de repostería, de cerveza, cremor tártaro o levadura madre. Sin embargo, hay que tener cuidado con la posible presencia de estabilizadores que pueden ser de origen animal, derivados de los descartes de mataderos de bovinos y cerdos (referidos con la sigla E470a). Por eso es importante leer bien la etiqueta, para asegurarse de que la levadura no contenga aditivos de origen animal.

levadura nutricional

Se trata de levadura de cerveza desactivada que ha perdido su capacidad de crecimiento. Por esta razón, no la podemos utilizar para productos horneados, pero se puede considerar un perfecto condimento para platos veganos. El sabor de la levadura nutricional en copos recuerda al del queso.

chocolate, té, café

En muchos casos, el chocolate negro no contiene leche, por lo tanto, es un producto vegano. Últimamente, también se están vendiendo varios tipos de chocolate con leche, o incluso blanco, adaptados para que sean veganos. Lo importante, como siempre, es controlar bien la etiqueta y asegurarse de que no haya aditivos de origen animal. Además de esto, es importante comprar, si es posible, chocolate (o café u otros productos) de comercio justo y solidario. Respecto al té y al café, podemos estar tranquilos, porque, de todos modos, no contienen ningún ingrediente de origen animal.

cerveza, vino y otras bebidas alcohólicas

Empecemos con la cerveza: para producirla, los anglosajones utilizan muy a menudo la cola de pescado. Las cervezas más «seguras» para los veganos son las belgas y las alemanas. Os recomiendo siempre leer bien los ingredientes, incluso si, a menudo, no indican todo lo que se ha utilizado durante el proceso de producción. Lo mismo ocurre con el vino: a veces, es difícil deducir qué sustancias se utilizaron a lo largo de la producción a partir de las etiquetas.

Otro ingrediente no-vegano presente en muchas bebidas alcohólicas (especialmente de color rojo) es el ácido carmínico, obtenido de un insecto llamado cochinilla, codificado con la sigla E120. De todos modos, podemos encontrar la información de las principales marcas comerciales en la página web www.barnivore.com (en inglés), donde basta con escribir el nombre del producto en cuestión para saber si se trata de una bebida alcohólica *vegan friendly* o no.

vinagres y otros condimentos

En España, los vinagres más comunes son seguramente los de vino blanco o tinto, así como el de manzana, pero existen infinidad de tipos. Son perfectos para aliñar ensaladas, salsas y platos, e ideales para conservar las verduras. El uso del vinagre no se limita a las preparaciones culinarias, pues es un alimento que también puede desengrasar y limpiar. Otros condimentos son el mirin japonés, el tabasco y la mostaza.

hongos

Contienen más fibra y proteína que las verduras. También son ricos en selenio, fósforo, calcio, magnesio, potasio y hierro. ¿Qué variedad hay que escoger? Existen muchísimos hongos comestibles: para aprender a no confundir entre tipos, familias y sabores, necesitaríamos un libro entero. Os aconsejo, más que nada, probar y aprender a conocer los hongos típicos de vuestro territorio, teniendo cuidado de no comprarlos a vendedores improvisados. En los negocios ecológicos u orientales, también podemos encontrar hongos que, hasta hace unas décadas, no se conocían en nuestro país, como los reishi, shiitake y maitake.

¿Cómo combinar especias y hierbas aromáticas?

		SABORES	ACOMPAÑAMIENTOS	CONSEJOS DE USO
ESPECIAS	**anís**	agridulce, aromático, con tonos pungentes de regaliz	cocina oriental, sopas, sorbetes, dulces con canela	Añadir al inicio de la cocción, para un resultado muy aromático.
	canela	dulce, ligeramente amargo, muy aromático	dulces horneados y de cucharilla, manzanas, plátanos, peras, chocolate, café, jengibre, gachas, frutos secos, vainilla	Añadir al inicio de la cocción: cocerla mucho tiempo elimina el componente amargo.
	cardamomo	ligeramente dulce, aromático, con tonos pungentes y especiados	cocina india, recetas asiáticas, medio-orientales y escandinavas, arroz, sopas y productos horneados	Añadir al inicio de la cocción. Utilizar entero para un sabor más delicado, triturado para un sabor más intenso.
	clavo de olor	agridulce, con tonos muy pungentes y especiados	dulces horneados y de cucharilla, manzanas, fruta (especialmente cocida y sobre todo los cítricos), arroz, salsas, canela	Añadir al inicio de la cocción.
	comino	agridulce, aromático, terroso, pungente, con tonos ásperos y ahumados	recetas medio-orientales, mexicanas, panes y *focaccia*, legumbres, verduras al horno	Para resaltar su sabor, tostarlo brevemente en una sartén sin aceite.
	cúrcuma	amargo, con tonos terrosos y pungentes	cocina india, coliflor, patatas, verduras al horno en general, arroz, tofu, cremas de verduras y legumbres, condimentos para ensalada	Es uno de los principales componentes del curri. Perfecta para añadir un sabor pungente a los platos indios y para dar su color amarillo a preparaciones como panqueques, creps o revuelto de tofu.
	curri	áspero y amargo, con tonos terrosos, pungentes y picantes	cocina india, cocina thai, arroz, leche de coco, tofu, patatas, berenjenas, verduras al horno, garbanzos y otras legumbres, sopas y salsas	Añadir al sofrito para un sabor más delicado; a final de la cocción para un efecto más intenso.
	nuez moscada	agridulce, con tonos especiados, recuerda la época invernal	manzanas, dulces al horno, pudin, crema pastelera, bechamel, patatas, salsas	Añadir al final de la cocción, con moderación. Intentar añadirla en la masa de los dulces, especialmente los de otoño.
	pimentón	amargo, pero con un punto ligeramente dulce, a veces picante (en función de la variedad), terroso, afrutado y pungente	cocina española, ajo, legumbres, patatas, tomates, sopas, frutos secos, aliños para ensalada	Intentar tostarlo en una sartén, antes de utilizarlo, si se busca un sabor muy aromático.

ingredientes & nutrición

ESPECIAS			
pimienta	picante, aromático, pungente y leñoso	cocina mediterránea, europea, criolla, india, todas las verduras (cocidas y crudas), salsas y sopas	No la compréis triturada: siempre es preferible la pimienta en grano para moler en el momento, sea cual sea la variedad escogida.
guindilla	picante, también puede tener tonos ligeramente dulces	legumbres, pasta, tomates, limas, verduras (especialmente cebolla y ajo), salsas, sopas, cremas, cocina mexicana, aguacate	Añadir al final de la cocción, pero con cuidado para no exagerar.
mostaza	amargo, picante, con tonos que recuerdan a la pimienta	espárragos, brócoli, legumbres, coles, ajo, limones, edulcorantes, hongos, patatas, ensaladas y sus aliños, salsas, cebollas, vinagre, yogur	Añadir al final de la cocción. Experimentar las diferentes variantes para descubrir vuestra preferida.
azafrán	dulce, ligeramente áspero, ligeramente amargo, con tonos terrosos y aromas de miel	cocina mediterránea, india, berenjenas, calabacines, patatas, garbanzos, yogur, nata, productos horneados, pasta, arroz y *risotto*, aliños para ensaladas	Añadir al final de la cocción: el azafrán se activa con el calor, pero no debe cocer mucho tiempo.
jengibre	dulce, áspero, picante y pungente	cocina asiática, india, verduras, fruta, limas y hierba de limón, limones, naranjas, manzanas, peras, calabaza, uvas pasas, frutos secos, salsa de soja, arroz, sopas, espinacas, tofu, ajo, granola y dulces de desayuno, productos horneados	Para probar en todas sus formas: rallado fresco, en polvo, confitado, al horno. El fresco se utiliza mucho en la cocina asiática, mientras que las raíces secas se utilizan mucho para dulces horneados.

HIERBAS AROMÁTICAS		SABORES	ACOMPAÑAMIENTOS	CONSEJOS DE USO
	laurel	agridulce, aromático, con tonos pungentes de pino, madera, flores, hierba	salsas, sopas, menestras, estofados, caldos, patatas, legumbres, calabaza	Añadir las hojas al inicio de la cocción, siempre enteras, y sacarlas antes de servir. Usar con moderación, para evitar que adquiera un sabor amargo.
	eneldo	la planta fresca es dulce, las semillas son amargas	judías, zanahorias, patatas, ensaladas, calabacines, espinacas, ajo, salsas, cremas, yogur, arroz	Añadir al final, antes de servir.
	albahaca	dulce, pungente, aromática	cocina mediterránea, tomates, ajo, alcaparras, berenjenas, calabacines, patatas, aceitunas, piñones, aceite, vinagre, queso, pasta	Añadir justo antes de servir. Utilizar fresco.
	perifollo	ligeramente dulce, aromático, con tonos de anís, regaliz, perejil	cocina francesa, sopas, ensaladas, tomates, guisantes, patatas	Utilizar fresco, nunca seco. Añadir al final de la cocción, antes de servir.

ingredientes & nutrición

estragón	agridulce, áspero, aromático, con tonos pungentes	espárragos, tomates, limón, mayonesa, aliños para ensaladas, salsas, sopas, vinagre	Añadir al final de la cocción, preferentemente fresco.
cebollino	pungente, con tonos pronunciados de cebolla o chalota	patatas, ensaladas, legumbres, nueces, nata para cocinar, yogur, humus, tartas saladas, pasta, sopas, rellenos	Añadir fresco, bien triturado, al final de la cocción.
mejorana	agridulce, aromático, con tonos pungentes de albahaca, tomillo, orégano, ligeramente picante	cocina mediterránea, legumbres, tomates, patatas, berenjenas, hongos, alcaparras, limón, arroz, salsas, sopas	Añadir fresca, al final de la cocción.
menta	dulce y aromática, con tonos pungentes de hierba y limón	bebidas, té, chocolate, cítricos, melón, frutos silvestres, zanahorias, guisantes, ensaladas, tomates, calabacines, yogur, arroz	La menta añade frescura a los platos. Utilizarla fresca.
orégano	amargo, ligeramente dulce, con tonos pungentes de limón	cocina mediterránea, productos al horno, pasta, tomates, patatas, verduras	Añadir al final de la cocción.
perejil	fresco, aromático, pungente, con tonos de hierba y limón	tomates, berenjenas, patatas, legumbres, hongos, ajo, limón, verduras a la parrilla o al horno, aceitunas, aceite, salsa	Añadir al final de la cocción.
romero	amargo, ligeramente dulce, con tonos pungentes de madera, limón, menta, salvia	productos horneados, berenjenas, patatas, calabazas, legumbres, hongos, ajo, limón, verdura a la parrilla o al horno, aceitunas, aceite, salsas, sopas, estofados	Añadir al inicio de la cocción, entero si tenéis la intención de quitar la ramita al final, o triturado muy fino. El romero seco es menos amargo que el fresco.
salvia	amargo, áspero y ligeramente dulce, con tonos astringentes, terrosos y especiados	cebollas, patatas, calabaza, legumbres, nueces, ajo, aceite, queso, pasta, raviolis, *risotto*, estofados, rellenos	Añadir algunas hojas al sofrito o a la cocción para dar más aroma, sacándola al cabo de unos minutos. También es buenísima para dar sabor a las cocciones al vapor.
tomillo	agridulce, aromático, con tonos terrosos y pungentes	cocina mediterránea, sopas, estofados, jugos, sofritos, salsas, caldos, berenjenas, tomates, cebollas, hongos, ajo, limón	Utilizar fresco o seco; añadir al inicio o a mitad de cocción.

HIERBAS AROMÁTICAS

ingredientes & nutrición

PERO ¿CÓMO INCLUYES EN TU DIETA...?

Así empiezan siempre las múltiples preguntas que cada vegano o vegetariano, tarde o temprano, tiene que afrontar. Veámoslas una por una.

LAS PROTEÍNAS

Una de las preguntas más frecuentes: «Pero ¿cómo incluyes en tu dieta suficientes proteínas?».

En las últimas décadas, las proteínas se han convertido en una verdadera obsesión. Es cierto, son importantes, pero con el paso del tiempo se han convertido en un alimento cuya ingesta en cantidades suficientes parece imposible, a menos que consumamos una enorme cantidad diaria de productos de origen animal.

Cuando, en el siglo XIX, la recién nacida bioquímica descubrió los aminoácidos y las proteínas, también nació el concepto de «proteínas nobles». La consecuencia negativa fue la de marcar los alimentos vegetales como comida carente, incompleta y, de alguna manera, inferior. Pero ¿por qué algunos alimentos serían «nobles» y otros no?

Un breve repaso de los aminoácidos

Las proteínas están constituidas por largas cadenas de aminoácidos, dobladas y enrolladas varias veces sobre sí mismas. El esqueleto de todas nuestras células, de nuestros tejidos y de nuestros órganos está formado precisamente por ellas, las proteínas.

Sabemos que, de todos los aminoácidos existentes, hay veinte que forman las proteínas. De ellos, nuestro hígado es capaz de sintetizar doce, los llamados «no-esenciales». Los otros son los aminoácidos «esenciales», los que no producimos y, por lo tanto, tenemos que buscar obligatoriamente en la comida.

En las proteínas de origen animal, los aminoácidos esenciales se encuentran en proporciones similares a las proteínas humanas: de ahí nace la idea de que las proteínas animales son superiores a las otras. ¡Pero los animales ni siquiera producen esos aminoácidos! Son las plantas. De hecho, los vegetales son los únicos organismos vivos capaces de incorporar el nitrógeno en moléculas orgánicas. Este fenómeno se produce gracias a la ayuda de bacterias fijadoras de nitrógeno.

¿Completas o incompletas?

Quien evita o limita de manera drástica los productos de origen animal, por lo tanto, no hace más que ir directamente a su fuente: en las plantas podemos encontrar todos los aminoácidos esenciales. No podía ser de otra manera, ya que son los propios vegetales los que los sintetizan.

Con el término «proteínas incompletas» solo indicamos que la proporción de uno o más aminoácidos esenciales en una proteína vegetal es inferior, respecto a la de la albúmina, una proteína extraída de la clara de huevo, que se considera la referencia. Las proteínas animales se definen como «completas» o nobles porque se acercan más a la composición de aminoácidos de la clara de huevo, pero esto no significa que las otras proteínas sean necesariamente inferiores. Combinando varios vegetales entre sí, de hecho, conseguimos tranquilamente reunir niveles suficientes de todos los aminoácidos, sin que sea necesario comer carne u otro producto de derivación animal.

Si se valorara la calidad de un alimento, rico en proteínas, por su impacto en el medio ambiente y nuestra salud, entonces la situación sería inversa y el título de proteínas nobles lo ganarían sin duda los vegetales.

Entonces, ¿cómo ingerir las proteínas vegetales suficientes?

Podemos estar tranquilos: no hace falta hacer cálculos todos los días para saber si hemos ingerido suficientes, basta con comer una variedad de vegetales diferentes. Las legumbres y sus derivados ayudan a cubrir la mayor parte de las necesidades proteicas diarias, pero también los cereales y sus derivados, los frutos secos, las semillas oleaginosas y las verduras (especialmente las de color verde) suministran un aporte considerable.

Si nuestra alimentación es variada e incluye legumbres, verduras y cereales, y al mismo tiempo satisface nuestras necesidades calóricas, podemos estar tranquilos en cuanto a la absorción de cantidades suficientes de proteínas: no hace falta ninguna calculadora.

Además, no solamente estaremos ingiriendo suficientes proteínas, sino que, al contrario de lo que ocurre con el consumo de proteínas de origen animal (que, por fuerza, vienen acompañadas de grasas saturadas, colesterol y hierro hemo), esto no representará ninguna amenaza para nuestra salud, ya que un posible exceso proteico no nos creará ningún problema. Como mucho, obtendremos fibras, antioxidantes y sustancias fitoquímicas protectoras.

¿SIN CARNE PODEMOS SUFRIR CARENCIAS PROTEICAS?

La carencia de proteínas en las personas que siguen una alimentación vegana es uno de los lugares comunes más difundidos sin fundamento.

La verdad es que, si satisfacemos las necesidades calóricas de nuestro cuerpo a lo largo del día, casi seguro que también cumpliremos con las necesidades proteicas. Los cereales, las legumbres, los frutos secos y las semillas contienen proteínas.

Si nos alimentamos de manera variada y equilibrada, satisfaremos nuestra necesidad proteica, incluso sin comer carne.

EL HIERRO

Entre todos los minerales presentes en la comida, el hierro es seguramente uno de los más conocidos. En el colegio, nos enseñan que el hierro es fundamental para el funcionamiento de nuestro organismo, porque transporta el oxígeno en la sangre para que llegue a nuestras células, permite que los azúcares y grasas se transformen en energía y actúa como mediador en importantes reacciones enzimáticas.

Otra cosa que nos enseñan es que el consumo de carne es fundamental para una correcta absorción del hierro. Por esa razón, mucha gente, cuando se acerca a una alimentación vegana, tiene miedo de convertirse en anémica, por culpa de una ingestión insuficiente de este mineral. En realidad, muchos alimentos de origen vegetal contienen hierro de sobra. Especialmente las legumbres, los cereales integrales, las semillas oleaginosas, los frutos secos y las verduras de hoja verde. Además, nuestro organismo ha elaborado un mecanismo increíblemente eficaz en cuanto a la ingesta del hierro contenido en los vegetales: las células de nuestro intestino aumentan o disminuyen la absorción de hierro en función de la necesidad. En la práctica, cuando nuestras reservas de hierro en sangre escasean, abren la puerta y empiezan a almacenar nuevas moléculas de hierro. Si, por el contrario, tenemos hierro suficiente, dejan que el exceso de este mineral pase por el tubo digestivo, hasta la salida. No sucede de la misma manera con el hierro presente en la carne, que pasa la barrera intestinal en cualquier caso y se deposita en nuestro cuerpo. Pero depósitos demasiado llenos tampoco son idóneos para nuestra salud: son un factor de riesgo demostrado para el desarrollo de patologías cardiovasculares. Entonces, mucho mejor confiar en el hierro de los vegetales, ¿no creéis?

entes vegetales de **proteínas** (por 100 g)

soja seca	**36,9 g**
piñones	**31,9 g**
cacahuetes	**29 g**
habas secas	**27,2 g**
alubias secas	**23,4 g**
lentejas secas	**22,7 g**
guisantes secos	**21,7 g**
garbanzos secos	**20,9 g**
espelta integral	**15,1 g**

Fuentes vegetales de **hierro** (por 100 g)

cacao	**14 mg**
semillas de sésamo	**10,4 mg**
germinado de trigo	**10 mg**
tahina	**8,8 mg**
alubias secas	**8 mg**
lentejas secas	**8 mg**
soja seca	**6,9 mg**
garbanzos secos	**6,4 mg**
copos de avena	**5,2 mg**
chocolate negro	**5 mg**

EL CALCIO

Probablemente otro de los errores más comunes respecto a la alimentación vegana es que, sin los lácteos, no podemos obtener el calcio necesario para cubrir nuestras necesidades. De todos modos, confiar únicamente en los derivados de la leche para ingerir cantidades suficientes de este mineral tampoco es buena idea: de esa manera, además de llenar los depósitos de calcio, también los llenamos de grasas saturadas y colesterol.

¿De dónde viene el calcio?

Tampoco en este caso son los animales los que lo fabrican desde cero. Las vacas no producen el calcio, sino que concentran en su leche el que ingieren a través de la hierba que comen, pues el calcio abunda en la tierra y, pasando a través de las raíces, se concentra en muchos vegetales.

Como ya decíamos en el caso de las proteínas y el hierro, es seguramente más beneficioso ir a la fuente, también porque, con los vegetales, además del calcio, ingeriremos muchas otras sustancias que protegen nuestra salud.

¿Qué verduras contienen calcio?

Toda la familia de las crucíferas contiene mucho calcio: las coles, el brócoli, la coliflor, pero también la alcachofa, la barrilla, la rúcula…

Sin embargo, no hay que limitarse a buscarlo en la verdura: también las legumbres contienen muchísimo calcio (especialmente la soja), al igual que las semillas (en particular el sésamo), los frutos secos, la fruta seca, pero incluso la simple agua del grifo.

Finalmente, también a las bebidas y los yogures vegetales en ocasiones se añade calcio durante la producción. Las etiquetas de estos productos mencionan «reforzado con calcio». Pero, obviamente, os recomiendo no recurrir únicamente a esos últimos, considerándolos simples sustitutos de los lácteos. Es mejor incluirlos en una alimentación variada, que ya de por sí ofrece calcio y otras sustancias beneficiosas en abundancia.

Fuentes vegetales de **calcio** (por 100 g)

semillas de sésamo	1.000 mg
semillas de chía	600 mg
almendras	266 mg
soja	257 mg
semillas de lino	256 mg
quinoa seca	200 mg
alubias blancas	170 mg
espinacas	150 mg
achicoria	150 mg
garbanzos	142 mg
col rizada	139 mg
habas	135 mg
trigo sarraceno	110 mg
judías verdes	70 mg
lentejas	50 mg

LOS OMEGA 3

Cuando se habla de omega 3, la gente suele pensar en el pescado. Más concretamente, en UN pescado: el salmón.

Pero también en este caso se trata de un mito que podemos desmontar: los peces no producen los ácidos grasos omega 3 por arte de magia, sino que los obtienen de las algas y los acumulan en el interior de sus propios tejidos.

Desgraciadamente, también acumulan en el interior de esos mismos tejidos metales pesados (como el metilmercurio), dioxinas, antibióticos, microplásticos y etoxiquinas, que son derivados de piensos ricos en plaguicidas (el uso de la etoxiquina se prohibió hace años en la fruta y la verdura, precisamente por ser dañina para nuestra salud).

El drama que representa el plástico para la ecología ya es bien conocido, pero pocos saben que las consecuencias de este desastre medioambiental afectan al bienestar de los océanos y de la fauna marina, pero también a quienes consumen los productos del mar. El plástico, de hecho, se deshace (aunque tarda cientos de años), disolviéndose en fragmentos cada vez más pequeños, que se van acumulando en toda la cadena alimentaria, desde los microorganismos que llegan a los pequeños peces, hasta los de tamaño medio, y finalmente a los más grandes.

Como si esto no fuera suficiente, muchas veces, los piscicultores no ven ningún reparo en utilizar sustancias dañinas para evitar hongos y parásitos en sus peces, y estas sustancias también permanecen en los tejidos de los animales.

Alternativas vegetales

A día de hoy, no sabemos cuáles serán los efectos de este problema en la salud humana: aún es pronto para sacar conclusiones, pero ser consciente de su existencia es seguramente una oportunidad más para explorar las alternativas.

Una buenísima fuente vegetal de omega 3 son las semillas de lino y su aceite, que se encuentra con bastante facilidad en las neveras de los supermercados con una amplia oferta. Si lo encontráis fuera de la nevera, no lo compréis. Este aceite es muy sensible al calor y es muy importante respetar la cadena de frío. Podéis utilizarlo en vuestras ensaladas o en los platos (preferiblemente fríos) de cereales: dos cucharaditas diarias bastan para llenar los depósitos de omega 3. Otra opción es triturar las semillas de lino, en cantidades suficientes para unas semanas, guardar el aceite en el congelador y añadirlo al yogur cada mañana. Lo mismo se puede hacer con las semillas de chía, siempre trituradas: el molido es necesario para absorber correctamente el omega 3 y los otros nutrientes beneficiosos que contienen, y es muy importante hacerlo en frío, para que no se vuelva rancio. Como alternativa, podemos acordarnos de consumir una ración diaria de nueces.

Estas, tanto como las semillas de lino y de chía trituradas, se integran muy bien en el desayuno (por ejemplo, en el yogur), en las macedonias o las ensaladas, pero también en los batidos.

Fuentes vegetales de **omega 3**   (por 100 g)

semillas de lino	23 g
semillas de chía	23 g
semillas de cáñamo	10 g
nueces	9 g

Los suplementos de omega 3, en general, no son necesarios si estamos consumiendo alimentos de este tipo (salvo en casos de embarazo o lactancia, como también es el caso de las mujeres omnívoras).

LA VITAMINA B$_{12}$

Es, sin duda, uno de los puntos más debatidos cuando hablamos de alimentación basada en productos vegetales.

Empecemos diciendo que, al decidir iniciar una alimentación vegetariana o vegana, tomar vitamina B$_{12}$ es obligatorio y no opcional. No hay alternativa que valga: se toma, punto final.

Esto, sin embargo, no tendría que espantarnos o, aún peor, darnos la percepción que la alimentación vegana es «menos válida» que otras, solo por tener que tomar un suplemento. Ahora os explico por qué, arrojando luz sobre uno de los puntos más importantes al respecto.

¿Dónde encontramos B$_{12}$ en la naturaleza?

La vitamina B$_{12}$ se produce por bacterias, presentes en la tierra o por el sistema digestivo de los herbívoros. Muy a menudo, en la ganadería actual, los animales ni siquiera tienen (desgraciadamente) la posibilidad de pastar hierba, estando confinados a vivir en jaulas y a comer piensos de producción artificial que encuentran en sus pesebres. Por lo tanto, no tienen acceso directo a esta valiosa vitamina que, como ya dijimos, está presente en la tierra.

Entonces, ¿qué sucede? Pues que, en el mundo de la ganadería, los animales reciben un suplemento de B$_{12}$ de los ganaderos. ¿Lo sabíais? Basta con hacer una rápida búsqueda online para encontrar varios tipos de vitamina B$_{12}$ para ganado.

Tal como ocurre con muchos otros nutrientes que hemos visto hasta ahora, los animales se limitan por tanto a absorber esta vitamina y a concentrarla en sus tejidos, sin fabricarla desde cero.

¿Por qué tomar un suplemento?

Aquellos que comen carne, por lo tanto, muchas veces están tomando un suplemento de forma indirecta. Hay que decir que la carne de los animales, además de la vitamina B_{12}, también suministra sustancias poco sanas como el colesterol, las grasas saturadas y el hierro hemo. ¿No creéis que es mejor ir directamente a la fuente, tomando una pastillita, tan pequeña que es casi invisible, dos veces por semana, aromatizada con nuestro sabor preferido? Eso resulta en una absorción equivalente, si no superior, a la que conseguimos a través de la ingesta de productos de origen animal.

Y la buena noticia es que no es caro en absoluto: la vitamina B_{12}, en función de la marca, puede valer menos de 20 euros al año. Hay que pensar, en cambio, lo que puede costar comer carne, pescado y otros derivados animales durante un año.

Finalmente, hay otro factor positivo: en cuanto empecéis a tomar el suplemente de B_{12}, podéis estar seguros de tener niveles hemáticos buenísimos, lo que no vale automáticamente para alguien que come productos de origen animal. De hecho, muchos consumidores de carne también padecen carencias de esta vitamina, sea porque no todos los ganaderos son tan cuidadosos a la hora de administrarla a sus bestias, sea porque los animales de ganadería no viven el tiempo suficiente para acumular niveles adecuados en sus tejidos.

Cuidado con quien os diga que no la toméis

Algún día os encontrareis con alguien que dirá que es vegano desde hace muchos años, que no toma la B_{12} y que tiene las analíticas perfectas. Os dirá que no es necesaria, que tomar el alga espirulina (o consumir verduras sin lavar o cualquier otra cosa) equivale a tomar esa vitamina, con la diferencia de que esta última está sintetizada en un laboratorio y, por lo tanto, es un producto artificial y maligno. No caigáis en la trampa. Es más, mejor anticiparse y tomarla desde el inicio, incluso si pensáis solamente bajar el consumo de productos de origen animal, sin prescindir de ellos por completo. ¡Que no os asuste el que se trate de un suplemento! El exceso de esta vitamina se eliminará de todos modos a través de la orina, sin que corráis ningún riesgo.

¿Qué vitamina B₁₂ elijo?

Existen muchos tipos diferentes de suplementos de vitamina B_{12}. Recomiendo consultar con vuestro médico, aunque existe una tendencia a dar preferencia a la cianocobalamina sublingual. En cuanto a la dosis, podéis consultar la página web de la UVE (Unión Vegetariana Española): www.unionvegetariana.org/

LA VITAMINA D

La produce en buena parte nuestro cuerpo a través de la exposición a los rayos de sol y solo se tiene que ingerir en situaciones particulares, que no dependen del hecho de que la alimentación sea a base de vegetales o no. Más bien, la necesidad de vitamina D depende de cuánto sol tomamos, de dónde vivimos, de nuestro tipo de piel y de otros factores que van más allá de lo que ponemos en nuestros platos. Si no vivimos en el trópico y pasamos gran parte del año en casa, convendría averiguar si existe insuficiencia, lo que sería bastante probable. En todo caso, repito que la carencia de vitamina D no depende de nuestra alimentación.

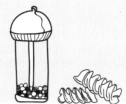

Lo que hay en mi
DESPENSA

frutos secos y semillas

Es mi fuente preferida de grasas sanas. Contienen gran cantidad de fibra, muchísimas vitaminas y son muy beneficiosos para la salud. Os recomiendo comprar vuestros frutos secos y vuestras semillas preferidos en grandes cantidades: esto os permitirá ahorrar y tener siempre una buena reserva. Yo dejo al alcance de la mano solo la cantidad que consumiré en poco tiempo, y guardo el resto en un recipiente hermético o, aún mejor, al vacío, en un lugar fresco y seco.

fruta seca

Aunque adoro la fruta fresca, tengo que admitir que la fruta seca también tiene su qué.

Dátiles, higos secos, uvas pasas son todos muy dulces, pero aún conservan las virtudes de la fruta, es decir, la fibra y los antioxidantes.

Son ideales para utilizar en la preparación de postres, granolas y muesli para el desayuno, pero también para realzar el sabor de un simple yogur.

mantequilla de frutos secos y semillas

Mantequilla de almendras, de cacahuete… me encanta añadirlas a mis desayunos, pero también untarlas en una cracker o simplemente en el pan. Si tenéis una batidora potente y mucha paciencia, podéis prepararla en casa, igual que la salsa tahina, que es uno de mis ingredientes preferidos: no es otra cosa que una crema hecha solo con semillas de sésamo. Se puede encontrar fácilmente en los supermercados ecológicos y es uno de los ingredientes del humus. También os recomiendo probar las mantequillas de frutos secos como aliño para las ensaladas, quizá con un poco de zumo de limón y de salsa de soja: son realmente buenísimos.

cereales integrales

Siempre conviene tener una buena reserva de cereales integrales para estar seguros de alternar y seguir así una alimentación más variada y equilibrada. Cuando hablamos de cereales, es preferible consumirlos integrales o descascarillados antes que pelados (es decir, más refinados). En mi cocina, siempre tengo espelta, cebada, varios tipos de arroz, avena, trigo sarraceno, quinoa, mijo (incluso si, como hemos visto, en rigor, estos últimos no son cereales…).

Un consejo: para que los cereales se hagan más rápido, los podemos poner en remojo por la mañana, antes de irnos de casa. De esa manera, el tiempo de cocción se reduce casi a la mitad.

legumbres

Hay muchísimos tipos de legumbres en mi cocina: garbanzos, lentejas, alubias, habas… Principalmente, podemos dividirlos en dos categorías: las secas y las cocidas, en conservas de vidrio. Cuando puedo, siempre intento cocinar las secas, pero la versión cocida es muy cómoda para añadir proteínas y fibra a mis platos cuando tengo prisa. Hay que acordarse de que las lentejas se cuecen mucho más deprisa que los garbanzos y las alubias, porque son mucho más pequeñas: por lo tanto, si vais con prisa, y no tenéis legumbres en conserva, podéis optar por estas últimas. Al abrir un bote de legumbres, hay que aclararlas muy bien con agua: esto ayudará a eliminar los residuos que pueden dificultar su digestión.

pasta

Dudo mucho que alguno de vosotros no tenga pasta en su despensa, por lo que pasaremos muy rápido por este punto. Yo prefiero comerla integral (de trigo, pero también de espelta y de cebada) cuando estoy sola, porque contiene mucha más fibra y me deja saciada durante más tiempo, pero como no son del gusto de todo el mundo, intento disponer también de buena pasta de trigo duro, así estoy segura de poder ofrecer una alternativa.

edulcorantes

Los edulcorantes que siempre tengo en la cocina son azúcar moreno de caña, azúcar de coco, jarabe de arce y de agave, pero realmente existe una infinidad de opciones. Recomiendo no abusar de los diferentes tipos de edulcorantes *light*, cero calorías, etc., porque, aunque prometan no engordar, a la larga, nuestro paladar se acostumbra cada vez más a sabores muy dulces, y eso de entrada no es muy bueno.

conservas de tomate

Me encantan los tomates, en conserva, triturados o pelados, nunca faltan en mi despensa. En la sección de triturados, están los toscos o los cortados en daditos, los que incluyen albahaca o los que se ofrecen ya pelados, aquellos ya preparados o los que necesitan una cocción muy larga, para transformarlos en maravillosas salsas caseras. Sea como sea, siempre me aseguro de tener más de uno en casa, e incluso alguno para cocinar en poco tiempo, para poder preparar una cena rápida, cuando solo dispongo de unos pocos minutos para cocinar.

vinagre

Son fantásticos para añadir a las salsas o en las ensaladas, ideales para dar sabor a todas nuestras preparaciones. Los que siempre tengo en la cocina son el vinagre de manzana, el de vino blanco y el balsámico de Módena, pero, de vez en cuando, también compro otros, como el de arroz o de *umeboshi*.

aceite

El aceite de oliva virgen extra, ya sabemos, es el rey de nuestras mesas. Además de este, también tengo siempre aceite de semillas de girasol y de coco en la despensa, porque son perfectos para utilizar en lugar de mantequilla para los postres. Muchas veces, para variar mis aliños, también me gusta comprar otros, como el de sésamo o el de nueces.

especias

Me encantan las especias y tengo muchísimas: utilizarlas en la cocina ayuda a dar sabor a los platos, sin tener que añadir más sal, aceite o azúcar. Si os iniciáis en este tipo de comida, no hace falta comprar todo lo que tengo yo, obviamente, pero podéis empezar a utilizar vuestras cuatro o cinco especias preferidas e ir ampliándolas poco a poco.

harinas, almidón y fécula de maíz

Me gusta experimentar con las harinas, pero las estrictamente necesarias (si no sois celiacos o intolerantes al gluten) son la harina 0, la 1 y la integral. Si os gusta preparar pan y pasta en casa, también os recomiendo tener siempre sémola de trigo duro en la despensa. Obviamente, para alternar los cereales, me gusta tener otras distintas en la despensa, como la de espelta, la de avena o la de arroz. Además de las harinas, siempre encontraréis en mi cocina un paquete de almidón, muy útil para dar volumen a las recetas horneadas, y de fécula de maíz, ideal para espesar salsas y otras preparaciones.

Para conocer mejor las harinas

TIPO DE HARINA	¿GLUTEN?	REFINADO	USO IDEAL
harina 00 (trigo)	✓	La más refinada de todas, pobre en fibra, sales minerales, proteínas.	Ideal para postres y productos horneados caseros, para empanar o para utilizar como espesante en la preparación de salsas y cremas.
harina 0	✓	Muy refinada, pero ligeramente menos que la harina 00.	Ideal para postres y productos horneados caseros, para empanar o para utilizar como espesante en la preparación de salsas y cremas.
harina Manitoba	✓	La Manitoba no es otra cosa que una harina 0 con un mayor contenido proteico, por lo que sigue siendo muy refinada.	Perfecta para fermentaciones largas, gracias a su mayor contenido proteico y su mayor «fuerza».
harina 1	✓	Contiene una cantidad bastante alta de salvado y gérmenes de trigo, que son nutrientes útiles para el organismo.	Se utiliza mucho para pan, pizza, postres rústicos, productos horneados.
harina 2	✓	También llamada harina semiintegral, es una harina poco refinada y rica en nutrientes.	Crece menos en volumen y más despacio, respecto a la 0 y la 00, precisamente por el hecho de ser menos refinada. Se utiliza para pan, pizza, postres rústicos, productos horneados.
harina de trigo integral	✓	Contiene el grano entero de trigo, molido con todas sus partes: esto da como resultado una harina más rica en minerales y proteínas.	Es más difícil de elaborar respecto a las harinas refinadas, pero buenísima para hacer pan, pizza y otros productos horneados. En los postres, muy a menudo, se «corta» (es decir, se mezcla) con harinas más refinadas, precisamente por su difícil fermentación y por su fuerte sabor.
sémola de trigo duro	✓	Es muy proteica; su color amarillo y la granulometría mayor la distinguen de la harina de trigo blando.	Muy a menudo se utiliza para preparar pasta y pan, pero también es muy útil para empanar.
sémola de trigo duro integral	✓	La versión integral es aún más proteica, respecto a la sémola normal. Tiene un color amarillo oscuro y se caracteriza por una granulometría mayor, respecto a las harinas de trigo blando.	Muy a menudo se utiliza para preparar pasta y pan, pero también es muy útil para empanar. Tiene un sabor más fuerte que la no-integral.
harina de espelta, cebada, kamut	✓	Pueden ser más o menos refinadas, igual que la harina de trigo.	Son harinas con muchos usos, parecidos a los de las harinas de trigo.
harina de avena	✗*	Habitualmente, encontramos dos tipos: harina de avena clásica e integral.	Se usa mucho en el norte de Europa para gachas, pero también se presta para postres, tartas saladas, pan y otros productos horneados.
		* Depende: la avena carece naturalmente de gluten, pero se suele procesar en establecimientos que también procesan otros cereales, y se contamina fácilmente. Si sois celiacos o intolerantes al gluten, mejor buscad harina de avena certificada sin gluten.	

ingredientes & nutrición

TIPO DE HARINA	¿GLUTEN?	REFINADO	USO IDEAL
harina de arroz	×	Solemos encontrar dos tipos: harina de arroz clásica e integral.	Se presta a la preparación de galletas, postres y pan. Como no tiene capacidad de ligazón, se utiliza muy a menudo junto a harinas que contienen gluten. Es ideal como espesante.
harina de legumbres	×	Suelen comercializarse harinas de legumbres enteras, es decir, conseguidas con legumbres con la cáscara, y harinas de legumbres descascarilladas, ligeramente más digestivas.	Ideal para preparar salsas, o para la masa de *farinatas*, pan o *focaccia*. Esta harina también es muy útil para espesar la masa de hamburguesas o albóndigas.
harina de quinoa	×	No hay grados de refinado.	Se puede utilizar para productos horneados, pero hay que tener presente su escasa capacidad de fermentación.
harina de trigo sarraceno	×	No hay grados de refinado.	Se puede utilizar para preparar pan y pasta, especialmente si está cortada con otras harinas, pero también es muy popular en la preparación de postres. Un consejo: siempre hay que tener en cuenta su sabor muy… ¡persistente!
harina de frutos secos	×	No hay grados de refinado.	Se utiliza mucho en recetas de dulces, postres de cucharilla, productos horneados, galletas y cremas.
harina de castañas	×	No hay grados de refinado.	Combinándola con la harina de trigo o la sémola de trigo duro, podemos preparar pasta, como las *fettucine* caseras. O bien, añadiendo patatas hervidas, podemos preparar ñoquis. También es ideal para la preparación de postres.
harina de maíz	×	Se encuentra en la versión clásica o integral.	Se utiliza mucho para preparar la polenta, pero también para tortitas, postres, pasta y productos horneados, especialmente para los intolerantes al gluten.
almidón	×	No hay grados de refinado.	Ideal para espesar cremas y salsas, también se puede utilizar para sustituir los huevos en los postres.
fécula de maíz	×	No hay grados de refinado.	Se puede utilizar como espesante en menestras, sopas o cremas. Su característica es la de formar una mezcla traslúcida y no opaca: por eso es muy apreciada en los púdines. También ideal para la preparación de rebozados crujientes.

Lo que hay en mi NEVERA

MERMELADA

ENVASES ABIERTOS DE LEGUMBRES

LECHE VEGETAL

ACEITUNAS Y OTRAS CONSERVAS EN ACEITE

QUESO *VEGGIE*

MANTEQUILLA DE FRUTOS SECOS

MISO

ALGO QUE COCINÉ HACE UNOS DÍAS

FRUTA Y VERDURA FRESCA

...y en mi CONGELADOR

SOBRAS DE MASA QUEBRADA

SEMILLAS DE LINO TRITURADAS

LEGUMBRES Y VERDURAS CONGELADAS

ACEITE CON HIERBAS AROMÁTICAS

PAN

SOFRITO LISTO PARA USAR

PASTA FRESCA CONGELADA

SALSA Y PESTO PREPARADOS EN CANTIDAD Y CONGELADOS DESPUÉS

NATURAL
CEREAL
ORGANIC

CEREALES EN MONOPORCIONES

PLÁTANOS Y OTRAS FRUTAS
(congelo la fruta para no tener que tirar la que está a punto de pasarse y que sé que no podré consumir a tiempo; una vez congelada, se puede utilizar para preparar sabrosos batidos)

ingredientes & nutrición

Lo que hay en mi
COCINA

utensilios de cocina

UN BUEN CUCHILLO DE COCINA
CUCHARONES
TABLAS DE CORTAR
ESPUMADERA
ESPÁTULA
ABRELATAS
COLADORES
RODILLO DE COCINA
BALANZA
RASCADOR DE COCINA
CAFETERA
MOLINILLO DE CAFÉ
MORTERO
PRENSADOR DE
   PATATAS
CASCANUECES
MANGA PASTELERA
   Y BOQUILLAS
BANDEJAS
MOLDES PARA TARTA DE
   DIFERENTES TAMAÑOS
MÁQUINA PARA PASTA

ollas

SARTENES DE DIFERENTES
   TAMAÑOS
CAZUELA PEQUEÑA
CAZUELA GRANDE
OLLA DE 2-3 LITROS
OLLA DE 5 LITROS
OLLA DE 8-10 LITROS
OLLA DE HIERRO
   FUNDIDO

electrodomésticos

BATIDORA DE VARILLAS
BATIDORA DE VASO
BATIDORA DE MANO (TAMBIÉN BATIDORA
   DE INMERSIÓN O MINIPIMER)
AMASADORA
HERVIDOR DE AGUA

ingredientes & nutrición

MOLINILLO DE CAFÉ Es un instrumento perfecto para moler no solamente el café, sino también semillas de todo tipo, especialmente las de lino: buenísimas para utilizar como espesante o como suplemento natural de ácidos grasos omega 3, que contienen en abundancia.

CUCHILLOS Lo que más sorprende a los que se acercan a la cocina por primera vez es que no hace falta tener un juego entero de cuchillos: uno o dos cuchillos de cocina bien afilados y cortantes son todo los que se necesita, y todo lo que utilizan hasta los grandes chefs, salvo algunas excepciones. Yo recomiendo no lavarlos nunca en el lavavajillas, sino aclararlos con agua fría después de cada uso, y secarlos bien.

CAZUELA DE HIERRO FUNDIDO No es un instrumento imprescindible, pero es ideal para hacer el pan en el horno de casa con un resultado perfecto, además de cocinar legumbres, menestras y sopas. Este material, de hecho, acumula el calor, lo retiene y lo va soltando poco a poco, cociendo los alimentos de manera uniforme, incluso después de apagar el horno.

BATIDORA DE MANO Y DE VASO Son mis mejores aliados en la cocina. ¡Sin ellas no sabría qué hacer! Existen muchos tipos de todos los precios: por experiencia personal, recomiendo invertir un poco más en esos dos instrumentos, porque los utilizaréis muchísimo. Un producto de calidad, en este caso, realmente marca la diferencia.

AMASADORA No es una herramienta estrictamente necesaria, pero es muy útil para elaborar las masas sin cansarse. Basta con regular el tiempo y la potencia, y la máquina hace todo el trabajo por nosotros. Un instrumento que valoro muchísimo, perfecto para aquellos que preparan con frecuencia pan, pasta y pizza caseras.

LA COMPRA

Ya estamos aquí. La compra es la ocasión en la que podemos expresar mejor, o peor, nuestra condición de consumidores conscientes y responsables. Hacerla es algo que se aprende poco a poco: cómo no escoger el producto equivocado, cómo ahorrar, cómo respetar el medio ambiente, siempre a través de nuestras pequeñas elecciones. La decisión siempre será nuestra, por lo que es útil estar preparado para una compra que sea lo más económica y la menos despilfarradora posible.

CÓMO ELEGIR

He aquí algunos consejos para convertiros en consumidores cada vez más conscientes.

Ser conscientes de lo que compramos

Si queremos empezar a hacer una compra más sana, una idea muy buena es controlar siempre la lista de ingredientes en la etiqueta, sobre todo de lo que se ha producido de manera industrial: podremos descubrir que ese muesli que solíamos comprar para el desayuno tiene azúcar como ingrediente principal, o que los helados envasados que estábamos a punto de comprar contienen muchísimos colorantes, y que existe una alternativa mucho más sana justo al lado.

No dejarse engañar por el *marketing*

¿Habéis oído hablar de sal sin OGM? ¿O de aceite de oliva con omega 3? Muchas veces, las características de las que presumen los envases, como si fuera un hecho excepcional, son, en realidad, comunes a todas las categorías… todas las sales son libres de OGM, todos los aceites de oliva contienen omega 3, no solamente aquel producto específico de una marca en particular. Mencionar algunas características en la etiqueta es una estrategia de *marketing* que busca que resulte más apetecible a los ojos del consumidor. Con un poco de práctica, entenderemos enseguida qué etiquetas nos dan información real y cuáles solo anuncian banalidades.

Mirar arriba y abajo

El comportamiento más común entre nosotros, los consumidores, es comprar lo que está a nivel de nuestros ojos o de nuestras manos, porque es lo que vemos primero y también es más fácil de alcanzar. Sea cual sea la distribución, si miramos arriba y abajo, veremos con toda probabilidad que hay productos muy parecidos, pero que cuestan menos, proporcionalmente, comparado con los que están expuestos en los estantes centrales.

ECOLOGÍA

¿Proteger el medio ambiente haciendo la compra? Es posible y depende de lo que decidamos comprar. Esto es lo que podemos hacer.

Evitar envases de plástico

El plástico está literalmente inundando nuestro planeta. Aunque es cierto que comprar fruta y verdura envasada, con la etiqueta ya puesta, nos permite ahorrar tiempo, también es cierto que es mejor no comprar productos envasados inútilmente si queremos que la tendencia a utilizar plástico, también cuando no es necesario, desaparezca. Por lo tanto, si podemos elegir, mejor adoptar la costumbre de pesar nuestra fruta y verdura. Muy a menudo, la bolsa que pone a nuestra disposición el supermercado está hecha de fécula, es compostable y se puede tirar a la basura orgánica. Pero incluso si la bolsita es de plástico, seguirá siendo un residuo mucho menor respecto a la compra de un envase rígido, hecho para que lo tiremos.

Evitar alimentos ya cortados

Muy a menudo, lo que ya está cortado cuesta más, en comparación con el mismo producto entero, que podemos cortar fácilmente en casa. En general, siempre es mejor comprar la fruta y la verdura entera, y no cortada en trozos, para ahorrar plástico y dinero, pero también para tener productos que duren más.

Cuando sea posible, optar por lo que es reciclable o reciclado

Hay muchas marcas que prestan particular atención al medio ambiente. Papel, servilletas, cuadernos, hechos a partir de papel reciclado, pero también envases de champú, productos para la limpieza de la casa y detergentes en frascos de plástico reciclado. Además de echar una mano al medio ambiente, tenemos que recordar que cada una de nuestras decisiones forma parte del conjunto de estadísticas sobre el comportamiento de los consumidores: cuanto más aumente la tendencia a comprar este tipo de productos, más dispuestas estarán las empresas a producirlos, dando así un impulso «en grande» al medio ambiente.

Dar preferencia a los productos locales

¿Estáis indecisos entre dos o más productos de aspecto y precio similar? Miremos de dónde vienen. Desde el punto de vista ecológico, siempre que sea posible es mejor escoger los tomates nacionales, las manzanas que vienen de la región y las legumbres y cereales de kilómetro cero.

En cuanto a la fruta exótica, hay que intentar, en la medida de lo posible, limitar su consumo o buscar alternativas locales: por ejemplo, escogiendo aguacates de Andalucía, que son buenísimos, y que no tienen que recorrer miles y miles de kilómetros antes de llegar a nuestra nevera. También comprar directamente de los pequeños productores, como el molino que está cerca de casa, que vende harina, el aceite del agricultor del pueblo de al lado o la fruta de la frutería vecina, que cosecha productos de la zona, es una muy buena idea y nos ayuda a ser cada día consumidores un poco más responsables. Además, ¡la calidad de los productos de los pequeños comerciantes suele ser muy buena!

AHORRO

Finalmente, nuestra manera de elegir también influye, obviamente, en nuestro bolsillo. No se trata tanto de privilegiar los productos más baratos (de hecho, muy a menudo tiene sentido gastar un poco más, si el precio viene acompañado de una calidad superior del producto), sino de evitar desperdicios y adquisiciones inútiles.

Hacer la compra con el estómago lleno

Este es probablemente un consejo que ya habéis oído muchas veces, y experimentado en vuestras propias carnes, pero es útil repetirlo, especialmente si estáis intentando seguir una alimentación más sana. Cuando tenemos hambre, es muy fácil caer en la tentación y comprar cualquier cosa fácil, que se puede comer nada más salir del supermercado, además de una serie de productos innecesarios para nuestra despensa, casi siempre poco sanos.

Elaborar una lista y seguirla

Controlar lo que tenemos en casa es una buena idea, si no queremos comprar productos que ya tenemos. Y hacer una lista es una buena costumbre, también para limitarse a las cosas que necesitamos, sin caer en la tentación de adquirir impulsivamente productos que no responden a ninguna necesidad.

Hacer acopio de productos duraderos

Cuando se trata de productos duraderos, como cereales, legumbres, harinas, pero también detergentes, jabones y mucho más, podemos elegir comprar una buena cantidad para olvidarnos de ellos durante un tiempo. Siempre ahorraremos, especialmente si los productos en cuestión están de oferta, y nos liberaremos de la preocupación de tener que comprar con frecuencia.

Lista de la compra

para fotocopiar y utilizar cuando queráis

FRUTA FRESCA

- AGUACATE
- CIRUELAS
- FRUTOS SILVESTRES
- GRANADAS
- HIGOS
- LIMAS
- LIMONES
- MANDARINAS
- MANGOS
- MANZANAS
- MELOCOTONES
- MELÓN
- NARANJAS
- PAPAYA
- PERAS
- PIÑA
- PLÁTANOS
- SANDÍA
- UVAS

VERDURAS, HORTALIZAS, TUBÉRCULOS

- ACELGAS
- AJO
- ALCACHOFAS
- APIO
- BONIATO
- BRÓCOLI
- CALABACINES
- CALABAZA
- CEBOLLAS
- COL RIZADA
- COL ROMANESCO
- COLES DE BRUSELAS
- COLIFLOR
- ESPÁRRAGOS
- ESPINACAS
- GERMINADOS
- GUINDILLAS
- HOJAS DE REMOLACHA
- HONGOS
- JENGIBRE
- MAÍZ
- PATATAS
- PEPINO
- PIMIENTOS
- PUERROS
- RÁBANOS
- REMOLACHA
- TOMATES
- YUCA
- ZANAHORIAS

CEREALES

- AMARANTO
- AVENA
- ARROZ
- BULGUR
- CEBADA
- CUSCÚS
- ESPELTA
- HARINA
- KAMUT
- MAÍZ
- MIJO
- PAN
- PASTA
- QUINOA
- SORGO
- TRIGO
- TRIGO SARRACENO

LEGUMBRES

- ALUBIAS
- EDAMAME
- GARBANZOS
- GUISANTES
- HABAS
- LENTEJAS

CONGELADOS

- CEREALES COCINADOS
- ESPECIAS
- FRUTA
- LEGUMBRES PREPARADAS
- SALSAS Y SOPAS
- SORBETES DE FRUTA
- VERDURA

BEBIDAS

- AGUA
- AGUA DE COCO
- CAFÉ
- KOMBUCHA
- TÉ
- VINO
- ZUMO

DESPENSA

- ACEITE DE COCO
- ACEITE DE OLIVA
- AC. DE SEMS. DE UVA
- ACEITE DE SEMILLAS
- ACEITE DE SÉSAMO
- ACEITUNAS
- ALGAS

- ALMENDRAS
- AVELLANAS
- ANACARDOS
- BICARBONATO
- CACAO
- CALDO VEGETAL
- CHOCOLATE NEGRO
- CHUCRUT
- CREMA DE MANZANA
- CREMOR TÁRTARO
- FRUTA SECA (HIGOS, UVAS PASAS, ETC.)
- HUMUS
- INFUSIONES
- KIMCHI
- LEGS. EN CONSERVA
- LEGUMBRES SECAS
- LEVADURA NUTRICIONAL
- LEVADURA DE CERVEZA
- LEVADURA MADRE
- LEVADURA DE REPOSTERÍA
- NUECES
- PAN RALLADO
- PECANAS
- SAL (FINA Y GORDA)
- SEMILLAS DE AMAPOLA
- SEMILLAS DE CALABAZA
- SEMILLAS DE CHÍA
- SEMILLAS DE GIRASOL
- SEMILLAS DE LINO
- SEMILLAS DE SÉSAMO
- TÉ A GRANEL
- TOMATE EN SALSA Y TRITURADO
- TOMATES SECOS
- UVAS PASAS
- VAINILLA
- VERDURAS EN ACEITE

EDULCORANTES

- AGAVE
- AZÚCAR DE COCO
- AZÚCAR MORENO DE CAÑA
- DÁTILES
- JARABE DE ARCE

CONDIMENTOS

- MISO
- MOSTAZA
- SALSA DE SOJA
- SALSAS VARIAS
- TAHINA
- TAMARI
- ZUMO DE LIMÓN

HIERBAS AROMÁTICAS

- ALBAHACA
- CILANTRO
- MEJORANA
- MENTA
- PEREJIL
- ROMERO
- TOMILLO

ESPECIAS

- ACHICORIA AMARGA
- AJO EN POLVO
- ALBAHACA
- ANÍS ESTRELLADO
- AZAFRÁN
- CANELA
- CARDAMOMO
- CEBOLLA TRITURADA
- CEBOLLINO
- CILANTRO
- CLAVO
- COMINO
- CÚRCUMA
- CURRI
- GARAM MASALA
- HINOJO
- JENGIBRE
- LAUREL
- MEJORANA
- MENTA
- NUEZ MOSCADA
- ORÉGANO
- PERIFOLLO
- PIMENTÓN
- PIMENTÓN PICANTE
- PIMIENTA BLANCA
- PIMIENTA NEGRA
- PIMIENTA ROJA
- PIMIENTO DE CAYENA
- *PUMPKIN PIE SPICE*
- ROMERO
- SALVIA
- SEMILLAS DE HINOJO
- TOMILLO

TENTEMPIÉS

- BARRITAS
- CHIPS DE FRUTA
- CRACKERS
- GALLETAS
- MEZCLA DE FRUTOS SECOS
- PALOMITAS
- TORTAS
- ZANAHORIAS BABY

ingredientes & nutrición

LEER LAS ETIQUETAS

Saber leer las etiquetas es fundamental para entender lo que estamos comprando, lo que lleva dentro y valorar si estamos escogiendo el producto adecuado. En los últimos años, gracias a las diferentes normativas, las etiquetas se han convertido en una fuente cada vez más detallada y rica de información. Una ley estipula que los ingredientes utilizados en un producto tienen que estar listados en función de su cantidad, empezando con el más abundante. En algunos casos, incluso mencionan los porcentajes. Imaginemos, por ejemplo, que tenemos que comprar el muesli para el desayuno: ¿es mejor el que tiene azúcar como segundo ingrediente o como octavo? Seguramente, la segunda opción suena más saludable. Lo mismo vale para el humus preparado: ¿mejor el que tiene aceite de semillas (desgraciadamente, en el humus industrial no se suele utilizar el aceite de oliva, porque es más caro) como segundo ingrediente, justo después de los garbanzos, o como cuarto o quinto? También aquí parece mejor la segunda opción. En el fondo, cuando valoramos la compra de un alimento y comparamos los precios y las cantidades, también (y, sobre todo) deberíamos tomar en consideración la presencia del ingrediente característico, controlando si efectivamente se encuentra entre los primeros de la lista.

También conviene controlar la presencia de esos ingredientes que no estamos buscando exactamente (aceites y grasas poco sanos, azúcares, exceso de sal…), comprobando que falten o que se encuentren al final de la lista. Sin embargo, respecto a los alérgenos como la soja, la leche, los huevos, los frutos secos, el gluten, etc. hay que tener presente que estos siempre están indicados en negrita o subrayados, para que se lean más fácilmente.

«PUEDE CONTENER TRAZAS DE…»

Esta fórmula puede resultar algo confusa cuando estamos intentando eliminar algunos alimentos de nuestra rutina. Muy a menudo, recibo correos electrónicos y mensajes de personas que, al encontrarse con esta frase en un producto, no saben si comprarlo. Si está escrito que «puede contener trazas de huevo», ¿es vegano o no? La respuesta es sencilla: si un producto menciona una frase como «puede contener trazas de leche» no hay que preocuparse. Es vegano de todos modos, esta fórmula se añade en el envase como medida de precaución por parte de la empresa productora. ¿Por qué? Porque si está producido en el mismo edificio, nave o laboratorio donde también se preparan productos que contienen leche, huevos u otros alérgenos, una ínfima parte de este ingrediente podría estar presente también en el producto que estamos a punto de comprar. Pero, repito, se trata de una posibilidad, no de una certeza, y hablamos siempre de cantidades realmente mínimas.

¿Un ejemplo? Pensemos en el chocolate negro que proviene de una empresa que vende también chocolate con leche. La receta del chocolate negro no incluye leche, pero el producto final podría contener algunas trazas porque los dos tipos de chocolate se elaboran o se envasan a solo unos metros de distancia.

«Puede contener trazas de…» es, por lo tanto, básicamente una fórmula que utilizan las empresas para protegerse: si, por error, un cliente muy alérgico a la leche ingiere este producto, que tal vez contiene un microgramo de leche en polvo porque se ha colado por error, podrían surgir problemas. Para el cliente, que corre un grave riesgo de salud, y para la empresa, que podría tener que pagar daños y perjuicios. Si no sois alérgicos, no os preocupéis. Podéis comprar sin miedo todo lo que «puede contener trazas de…». No es razón para dejar de ser veganos.

VALORES NUTRICIONALES

En la etiqueta encontramos también muy a menudo la declaración nutricional, o bien una pequeña tabla que informa de los valores nutricionales por 100 g de producto, con el porcentaje respecto a la necesidad diaria (casi siempre presente). Así, podemos conocer la cantidad de grasa, carbohidratos, proteínas, azúcares, sal, fibra, vitaminas y sales minerales que contiene lo que estamos comprando, también con las calorías como anexo. Echar un vistazo a los valores nutricionales resulta fundamental para entender cuáles son los nutrientes contenidos en la adquisición, pero a no ser que estéis siguiendo una dieta o padezcáis problemas de salud, os recomiendo que no os fijéis demasiado en este aspecto.

Si compráis principalmente productos sanos, basta con averiguar que no haya ingredientes indeseados en la lista. El único valor que aconsejo no perder nunca de vista es la sal en los horneados. Lo ideal es que no debería superar el 1,7-1,8 g por cada 100 g de producto.

CÓMO SUSTITUIR LOS INGREDIENTES DE ORIGEN ANIMAL

1 HUEVO =

PREPARACIONES DULCES

— 1 cucharada de semillas de lino trituradas + 3 de agua (mezclar y dejar en reposo durante 5 minutos)
— 1 de semillas de chía trituradas + 4-5 de agua (mezclar y dejar en reposo durante 7-8 minutos)
— ½ plátano machacado
— 4 cucharadas de crema de manzana
— 3 cucharadas de mantequilla de almendras
— 60 g de tofu sedoso

PREPARACIONES SALADAS

— 60 g de tofu sedoso o de tofu normal
— 2 cucharadas de harina de garbanzos
— 1 cucharada de semillas de lino trituradas + 3 de agua (mezclar y dejar en reposo durante 5 minutos)
— 1 cucharada de semillas de chía trituradas + 4-5 de agua (mezclar y dejar en reposo durante 7-8 minutos)

125 ml de NATA =

— 125 ml de nata vegetal
— 125 ml de leche de coco (la de lata, más densa)
— 125 ml de leche de soja + 1 cucharada de zumo de limón (mezclar, llevar a ebullición y dejar enfriar)

100 g de MANTEQUILLA =

— 100 g de mantequilla de almendras (o de otro fruto seco)
— 80 g de aceite de semillas
— 100 g de aceite de coco
— 100 g de aceite de oliva

100 ml de LECHE =

— 100 ml de leche vegetal (cuidado: para las preparaciones saladas, comprobar que no contiene azúcar o aromas como la vainilla)

Cómo utilizar las bebidas vegetales en la cocina

BEBIDA VEGETAL	USO	CONSEJOS ÚTILES
leche de soja	Ideal para todo tipo de preparaciones.	Es la mejor leche vegetal para el capuchino, se monta muy bien.
leche de arroz	En preparaciones dulces, para bebidas frías, en batidos.	Su sabor dulce no combina bien con las preparaciones saladas. Además, no es ideal para las bebidas calientes, sino para los dulces y las bebidas frías.
leche de almendras	En preparaciones dulces, para beber con el desayuno, en batidos, junto con el té y el café.	Del gusto de todos, incluso de los niños: es perfecto para los dulces, en los batidos, el té y el café. Única pega: cuando se monta, no está a la altura de la leche de soja.
leche de avena	Ideal para todo tipo de preparaciones.	Si la utilizáis para preparaciones saladas, ojo con los ingredientes: muy a menudo, contienen azúcares o aromas.
leche de coco	Ideal para dulces, para smoothies y batidos, o para beber al natural.	Su sabor, de natural dulce y muy aromático, es perfecto para postres o bebidas con fruta. Es la leche más grasa y menos sostenible entre todas las opciones vegetales: mejor consumirla con moderación.
otras (avellanas, cáñamo, quinoa, etc.)	Mejor usarlas en las preparaciones dulces, porque su sabor puede resultar demasiado invasivo para las saladas.	Ideales para variar, pero ojo a los ingredientes: muy a menudo, contienen azúcares o aromas.

EQUILIBRAR LOS GRUPOS ALIMENTICIOS

Si todos los grupos alimenticios están representados en lo que comemos a lo largo del día y nuestras necesidades calóricas están cubiertas, casi seguro que estamos ingiriendo todos los nutrientes que necesitamos. Bastará con tomar suplementos de vitamina B12.

Aquí os dejo algunas directrices útiles para seguir al inicio, creadas por una amiga mía, la doctora Silvia Goggi: os aseguro que, poco a poco, seguirlas se convertirá en un automatismo. Además, en la página 53, encontraréis algunos ejemplos de menús equilibrados en los que inspirarse.

— Comer alimentos vegetales proteicos al menos 2 veces al día (p. ej., leche de soja en el desayuno y humus de garbanzos para comer).

— Comer cereales en cada comida, variando durante el día si es posible (p. ej., copos de maíz para desayunar, espelta a mediodía y pan integral con la cena).

— La verdura tiene que estar presente en cada comida principal, por lo tanto, a mediodía y a la hora de cenar (p. ej., pasta con pesto de rúcula y verdura cruda en la comida, espelta con nabos y ensalada de tomate y zanahoria para cenar).

— Comer mínimo 2-3 piezas de fruta al día; la fruta es perfecta para calmar el hambre entre comidas, y si no tenéis problemas para digerirla, tampoco hay que tener miedo de comerla como postre.

— No hay que olvidar los frutos secos y las semillas (p. ej., una tostada con mantequilla de cacahuete para desayunar y un manojo de nueces como tentempié por la tarde).

— ¡Acordaos del calcio! (p. ej., comiendo frutos secos y semillas, utilizando bebidas vegetales reforzadas, consumiendo verduras de hoja verde o de la familia de las crucíferas, higos secos… si seguís el resto de directrices, el calcio quedará incluido de manera automática).

— Recordad también los omega 3 (p. ej., 1 cucharadita de aceite de semilla de lino en la ensalada + nueces como merienda).

— Integrar la vitamina B$_{12}$.

— Utilizar sal yodada, sin exagerar.

¿QUÉ SIGNIFICA «UNA PORCIÓN»?

Las porciones exactas varían para cada individuo, en función del peso, la altura y los niveles de actividad física. A continuación daremos algunos valores medios.

cereales de desayuno: 30-50 g
cereales en grano: 60-100 g (peso en crudo)
pan (mejor integral): 60-120 g
pasta (mejor integral): 60-120 g
patatas: 150-300 g (peso en crudo)
legumbres secas: 45-60 g
legumbres cocidas: 120-180 g
tofu: 80-150 g
yogur de soja: 125-150 g
leche de soja: 200-300 ml
frutos secos / semillas: 30-60 g al día en total
verduras: mínimo 500 g al día (peso en crudo)
fruta: mínimo 400 g al día (o entre 2-3 piezas)
aceite: 1-2 cucharadas con las comidas

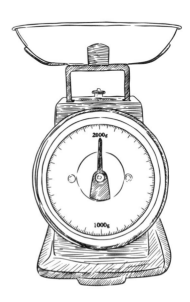

Alimentación vegana equilibrada: ejemplo de menú para una semana

	DESAYUNO	ALMUERZO	COMIDA	MERIENDA	CENA
LUNES	pan de centeno con mermelada y fresas frescas + capuchino de soja	4 higos secos	lasaña al ragú de garbanzos y verduras + ensalada fresca con manzanas y nueces	naranja + almendras	menestra de cebada con alubias, calabaza y setas
MARTES	gachas de copos de avena y leche de almendras con manzana, canela y mantequilla de cacahuete (1 cucharadita)	1 plátano	pasta integral con brócoli, tomates secos y almendras + humus con calabacín y zanahoria	2 dátiles + algunas almendras	arroz integral y tofu agridulce + ensalada de rúcula con verduras salteadas, aliñada con 2 cucharaditas de semillas de lino
MIÉRCOLES	zumo natural + pan integral con mantequilla de cacahuete (1 cucharadita) y mermelada	1 manojo de nueces	pasta de trigo sarraceno con guisantes + ensalada mixta con zanahorias, tomates cherry, semillas de sésamo	1 manzana + 1 yogur de soja	arroz integral con verduras salteadas + humus de garbanzos con apio e hinojo crudos
JUEVES	café con leche con 3 galletas de espelta + 1 manzana	1 manojo de mezcla de frutos secos	espelta con garbanzos y verduras mediterráneas	2 melocotones	tallarines con ragú de lentejas + carpacho de verduras crudas
VIERNES	tarta de zanahoria sin gluten + unas fresas	1 manzana en rodajas con mantequilla de almendras (1 cucharadita) y semillas al gusto (2 cucharaditas)	torta integral con humus y verduras asadas	sobras de humus con rodajas de zanahoria y apio	espelta con verduras de temporada y tofu + ensalada
SÁBADO	tostada de pan de centeno y medio aguacate + escamas de almendra y tomates cherry	algunas rodajas de piña	espaguetis con tomate + humus con verduras crudas	batido con: frutos silvestres, 1 plátano, leche de soja y semillas de lino (1 cucharadita)	dal de lentejas rojas con arroz integral y espinacas
DOMINGO	café con leche de avena y muesli con frutos secos + 1 pera espolvoreada con canela	1 puñado de nueces	polenta con lentejas en húmedo + ensalada de hinojo, naranja y uvas pasas	1 manzana	pizza con tomate y verduras de temporada

ingredientes & nutrición

ESTACIONALIDAD

Seguir la estacionalidad de los ingredientes es bueno para nosotros, para el bolsillo y para el medio ambiente. Comer en función de la estación del año en que estemos significa, en primer lugar, ¡comer fruta y verdura con más sabor! Eligiendo productos frescos y cosechados según su maduración natural, llevaremos sabores auténticos y únicos a nuestra mesa. Además, variar los alimentos en la mesa en función de las temporadas significa diversificar de manera automática el aporte de vitaminas, sales minerales y otros nutrientes que necesita nuestro cuerpo.

A día de hoy, podemos encontrar prácticamente cualquier tipo de fruta y verdura, especialmente en los supermercados, durante todo el año. Para garantizar esta infinita disponibilidad, sin embargo, es necesario más esfuerzos, que se verán inevitablemente reflejados en el precio final del producto. Estos son:

— mayor coste por producción fuera de temporada, es decir, por los recursos necesarios para desafiar el clima adverso, como aditivos para el cultivo o el recurso de invernaderos calentados;

— los costes de conservación, por ejemplo, dentro de cámaras frigoríficas, y

— los costes debidos al largo transporte desde los países donde el producto es de temporada hasta nuestro supermercado.

Los mayores costes son económicos y medioambientales. Un camión que cruza Europa cargado de frutos exóticos, las cámaras frigoríficas que conservan las verduras durante semanas y la producción en invernaderos que mantienen alta la temperatura en invierno… son todas actividades que consumen energía, gasolina (combustibles fósiles) y aire limpio.

Pensemos también en la biodiversidad: ¿por qué queremos a cualquier precio productos fuera de temporada, cuando nuestro país es capaz de producir una inmensa variedad de fruta y verdura en cada época del año?

Elijamos entonces las verduras en el mes correcto, para evitar que el precio suba a niveles desorbitados. Y escojamos productos locales, y si es posible, también ecológicos. El trayecto más corto es la mejor garantía de que el alimento que ponemos en la mesa sea realmente fresco y sano.

ingredientes & nutrición

primavera

marzo
abril
mayo

RECETAS
P. 103

verano

junio
julio
agosto

RECETAS
P. 133

otoño

septiembre
octubre
noviembre

RECETAS
P. 157

invierno

diciembre
enero
febrero

RECETAS
P. 189

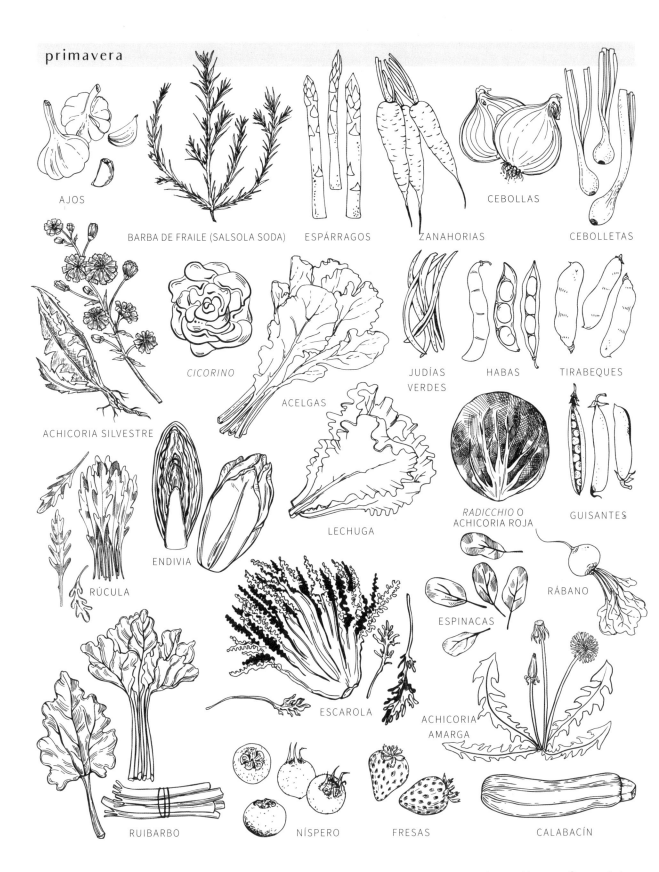

AJOS

BARBA DE FRAILE (SALSOLA SODA)

ESPÁRRAGOS

ZANAHORIAS

CEBOLLAS

CEBOLLETAS

CICORINO

ACELGAS

JUDÍAS VERDES

HABAS

TIRABEQUES

ACHICORIA SILVESTRE

LECHUGA

RADICCHIO O ACHICORIA ROJA

GUISANTES

RÚCULA

ENDIVIA

RÁBANO

ESPINACAS

ESCAROLA

ACHICORIA AMARGA

RUIBARBO

NÍSPERO

FRESAS

CALABACÍN

ingredientes & nutrición

ALBARICOQUES

CEREZAS

CHALOTAS

CEBOLLAS ROJAS

CIRUELAS

MELOCOTÓN

MELÓN

LIMÓN

HIGO

SANDÍA

BERENJENA

TOMATES

PEPINO

ALUBIAS

PIMIENTOS

PATATAS

FRAMBUESAS

MORAS

ARÁNDANOS

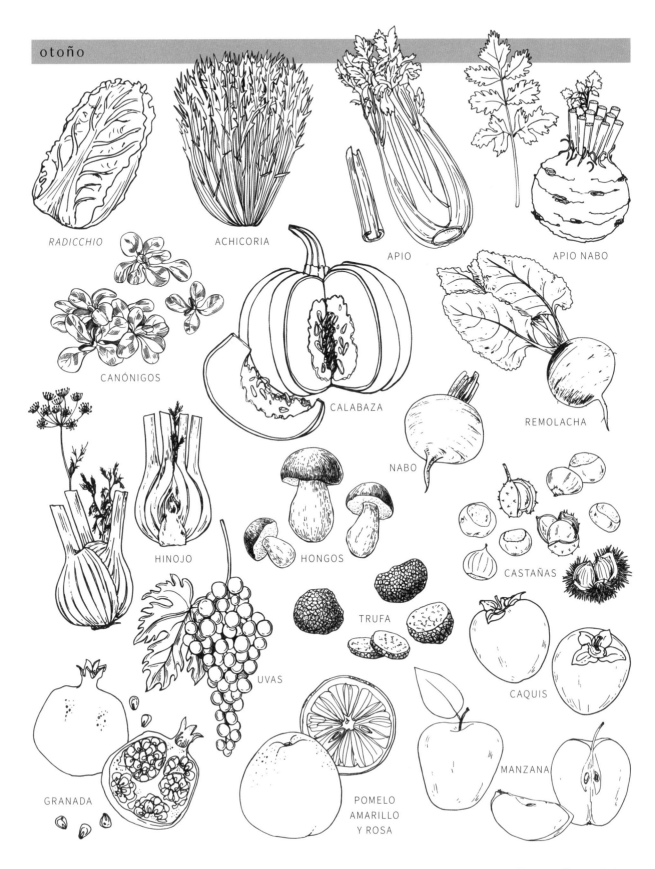

RADICCHIO

ACHICORIA

APIO

APIO NABO

CANÓNIGOS

CALABAZA

REMOLACHA

NABO

HINOJO

HONGOS

CASTAÑAS

TRUFA

UVAS

CAQUIS

GRANADA

POMELO
AMARILLO
Y ROSA

MANZANA

ingredientes & nutrición

REPOLLO

CALE O
COL RIZADA

COLINABO

COLES DE
BRUSELAS

BRÓCOLI

COL ROMANESCO

COLIFLOR

GRELOS

NABO
DAIKON

PUERRO

HOJA DE
REMOLACHA

ACELGAS
PAROS

TUPINAMBO

ALCACHOFA

MANDARINA

CARDO

NARANJA

MANDARINA

PERA

KIWI

ENDIVIA RIZADA

ingredientes & nutrición

NOTA A menos que se indique lo contrario, las recetas de este libro están calculadas para 4 personas, a excepción, naturalmente, de aquellas (como salsas, productos de panadería, aperitivos, bebidas…) que no permiten definir el número de comensales, porque cambia en función de la ocasión. Por otra parte, el yogur de soja utilizado para las recetas de este libro siempre es el neutro, al natural.

RECETAS BÁSICAS

BEBIDAS
de
FRUTOS SECOS
caseras

En los últimos años hemos observado un cambio considerable en el consumo de leche: son más las personas que optan por alternativas vegetales, cuya oferta es cada vez más amplia. Aquellos que han intentado sustituir la leche de vaca probablemente habrán probado algunas bebidas a base de frutos secos: son conocidas las de avellanas y anarcardos, pero la más popular es la de almendras. Esta es fácil de preparar en casa, resulta igualmente beneficiosa y más económica. Además, a menos que alguien sea alérgico a los frutos secos, estas bebidas se adaptan a todas las dietas y estilos de vida, tienen mucho sabor y no presentan ningún riesgo para la salud. Desde el punto de vista nutricional, son poco calóricas (a pesar de la densidad calórica de los frutos secos, porque, para conseguir 1 litro de leche ¡necesitamos muy poca cantidad!) y destacan por su excelente aporte de antioxidantes y vitamina E, ácidos grasos insaturados (especialmente oleicos y linoleicos), proteínas, hierro, calcio, fósforo y potasio.

lo que necesitamos Para preparar las bebidas de frutos secos necesitamos 3 partes de agua y 1 de frutos secos. Los tostados son ideales, en cambio hay que evitar los salados porque el resultado tendría un sabor demasiado dominante. Los únicos instrumentos necesarios serán una batidora y una gasa filtrante (también sirve un simple trapo de cocina limpio) o una bolsa especial para leche vegetal. Además, podemos optar por dar más sabor a nuestra bebida de frutos secos con una cucharadita de vuestro edulcorante preferido o un dátil deshuesado.

EJEMPLO
la leche de almendras

— 100 g de almendras sin cáscara
  (peladas o no peladas, no importa)
— 1 l de agua fresca
— 1 pizca de sal
— 25 g de edulcorante de vuestra elección o 1 dátil (opcional)

Hay que asegurarse de que las almendras sean de calidad, preferiblemente ecológicas. Las dejamos en remojo en un cuenco de agua durante al menos 6 horas, lo ideal unas 12. Pasado ese tiempo, las escurrimos y las aclaramos bien, porque habrán soltado muchas grasas en el agua de remojo. Entonces colocamos las almendras en la batidora de vaso, junto al agua fresca. Añadimos la pizca de sal y, opcionalmente, el edulcorante escogido. Batimos durante 1 minuto a potencia máxima, sujetando bien la tapa de la batidora. Después de batir, filtramos el líquido con la gasa. Habremos conseguido una bebida buenísima y saludable, que se puede conservar 4-5 días en la nevera, dentro de un recipiente de cristal. Es ideal para el desayuno, junto al café, o para preparar deliciosos batidos. También es perfecta como ingrediente sustitutivo de la leche de vaca en vuestras recetas.

consejo extra La pulpa de almendra restante es muy buena para masas de tartas o galletas. También se puede congelar y utilizar en otro momento.

GRANOLA
para el
desayuno

— 250 g de avena en copos gruesos
— 120 g de dátiles
— 80 ml de agua
— 80 g de semillas de calabaza (u otras semillas)
— 80 g de almendras trituradas de manera grosera (u otro fruto seco)
— 1 pizca de sal
— 1 cucharadita de canela

Batimos los dátiles y el agua. Después de obtener una mezcla homogénea, la reservamos.

En un cuenco grande, colocamos la avena, la canela y la sal. Añadimos las semillas y los frutos secos: aquí utilizo semillas de calabaza y almendras, pero podéis escoger las que más os gusten.

Mezclamos bien los ingredientes y añadimos entonces la pasta de dátiles, haciendo una masa homogénea. Disponemos la granola en una bandeja, cubierta con papel de horno y la metemos al horno, con ventilación, a 180 ºC. Hay que ir mezclándolo cada 10 minutos: de este modo, todo se horneará de manera uniforme y no se quemará.

Después de la cocción, la granola tendrá un bonito color dorado. Recomiendo consumirla en el desayuno, con un yogur o con leche vegetal y fruta fresca.

conservación
Se conserva hasta 2 meses en un tarro con cierre hermético.

consejo extra
Hay que acordarse de dejar enfriar por completo la granola antes de verterla en un recipiente hermético, de lo contrario, se ablandará.

PAN DE BRIOCHE

PARA 4-6 PERSONAS
— 320 g de leche de soja
— 5 g de levadura de cerveza seca (o 10 g de levadura de cerveza fresca)
— 350 g (aprox.) de harina 0
— 1 cucharada de semillas de lino trituradas
— 3 cucharadas de agua
— 60 g de azúcar moreno de caña + 1 cucharadita
— 5 g de sal
— 1 cucharada de aceite de coco (o de semillas)
— jarabe de arce (o de agave) para pincelar (opcional)
— azúcar glas (opcional)

Empezamos vertiendo 120 g de leche de soja en una cazuela y calentándola al fuego: la leche solo tiene que estar tibia, alrededor de 35-40 °C. Si queréis, podéis controlar la temperatura con un termómetro, pero basta con tocarla con un dedo: deberíamos notar un poco de calor, parecido a la temperatura corporal. Si, por error, la leche de soja se hubiera calentado demasiado, la dejamos enfriar. Cuando la leche esté tibia, la vertemos en un cuenco y añadimos una cucharadita de azúcar de caña y la levadura de cerveza. Mezclamos bien con un tenedor: no hay que preocuparse si la levadura no se disuelve por completo, es normal. Reservamos esta mezcla.

En una cazuela, vertemos 40 g de harina 0 y la mezclamos con los 200 g restantes de leche de soja. Cuando la mezcla sea homogénea, la ponemos en el fuego, donde seguimos mezclando sin parar, recogiendo también lo que se acumula en los bordes. Ahora hay que tener cuidado: después de un par de minutos la mezcla empezará a espesar. En cuanto veamos que se forman algunas burbujas en la superficie, apagamos el fuego. Seguimos mezclando durante 1 o 2 minutos más, hasta conseguir una crema espesa, lisa y uniforme. Reservamos también esta crema mientras se enfría.

¿Os acordáis de la leche con la levadura de cerveza que hemos reservado al principio? En este momento estarán saliendo burbujas: eso significa que la levadura está viva y todo va bien. Cogemos un cuenco grande y vertemos la leche dentro. Después, añadimos la mezcla espesa, la que acabamos de calentar. Mezclamos todo con un batidor manual, hasta conseguir una textura cremosa. Ahora podemos incorporar las semillas de lino trituradas y mezcladas con las 3 cucharadas de agua, los 60 g de azúcar moreno de caña y la sal.

Mezclamos bien, a mano o con la amasadora, hasta que volvamos a conseguir una masa lisa. En este momento, añadimos 300 g de harina 0, incorporándola a la mezcla poco a poco, hasta que la veamos lista para amasarla a mano. Si sigue estando muy pegajosa, puede que necesite más harina: no dudéis en añadir un poco más si hace falta. Seguimos amasando unos 5-10 minutos más y, finalmente, cuando hayamos obtenido una pasta lisa y blanda, podemos añadir el aceite de coco que incorporamos bien, amasando 1 minuto más.

Ahora la masa está lista para crecer. La dejamos en un cuenco y la tapamos con un trapo de cocina, dejándola fermentar 1 hora, más o menos. Casi tendrá que doblar su volumen. Pasado ese tiempo, podemos dividirla en varias bolitas (yo saqué 12). Cogemos un molde redondo o rectangular para horno y colocamos las bolitas en su interior. Volvemos a tapar el conjunto y dejamos fermentar 3 horas más. Una vez terminada la fermentación, las bolitas se habrán hecho enormes, como mínimo tendrán el doble de su dimensión inicial.

Antes de hornear, pincelamos con mucho cuidado la superficie del pan brioche con jarabe de arce, prestando atención para no aplastarlo. Este paso es opcional: solo sirve para dar un aspecto dorado a la superficie.

El pan brioche se tiene que hornear a 170-180 °C durante unos 25 minutos, en un horno estático (sin ventilación) precalentado. Os aconsejo dejarlo enfriar durante al menos 1 hora y, si queréis, esparcir azúcar glas por encima para darle un aspecto aún más apetitoso.

conservación Este pan brioche es perfecto para el desayuno y la merienda: se conserva fuera de la nevera, dentro de un recipiente cerrado, como mínimo durante 2-3 días. Otra posibilidad, algo muy útil que hago yo siempre, es congelarlo: para utilizarlo después, basta con sacarlo del congelador la noche antes de consumirlo, o como mínimo unas horas antes, y dejarlo descongelar a temperatura ambiente.

consejo extra Podéis hacer vuestro pan brioche aún más rico añadiendo sabrosas pepitas de chocolate, trozos de fruta seca o uvas pasas: hay que incorporarlas mientras amasáis, antes de la fermentación. ¡El resultado será delicioso!

PANQUEQUES
semiintegrales

PARA 8-10 PANQUEQUES
— 130 g de harina 0
— 130 g de harina integral
— 6 g de levadura de repostería
  (1 cucharadita colmada)
— 4 g de sal
  (1 cucharadita rasa)
— 300 g de vuestra leche vegetal preferida
— 2 cucharadas de azúcar
  (u otro edulcorante)
— extracto de vainilla

PARA LA GUARNICIÓN
— jarabe de arce
— fruta fresca

En un cuenco grande vertemos las dos harinas, la levadura y la sal. Añadimos la leche vegetal (podéis utilizar la que prefiráis) y, después, el azúcar o el edulcorante. Aromatizamos al gusto: yo utilicé un poco de extracto de vainilla, pero también va muy bien la canela o lo que elijáis. Ahora tenemos que hacer los panqueques: en una sartén antiadherente con fondo plano, echamos 2 cucharadas colmadas de masa. Recomiendo utilizar un fuego bajo. Cuando veamos burbujitas formándose en la superficie, giramos el panqueque con la ayuda de una espátula. Cuando la otra cara también esté hecha, lo sacamos de la sartén y lo colocamos en un plato, antes de volver a empezar desde el inicio con el siguiente panqueque.

Cuando hayáis terminado toda la masa, tendréis unos 8-10 panqueques, listos para el consumo. Si

os gusta, podéis rociarlos con el clásico jarabe de arce y decorarlos con un poco de fruta fresca. Este plato es perfecto para un *brunch* en familia o en compañía, pero, por qué no, también como merienda golosa.

consejo extra El tiempo de cocción necesario es alrededor de 1 minuto por lado, pero esto depende mucho del tamaño de vuestro fogón y la intensidad de la llama: cada cocina es diferente. En todo caso, estoy segura de que, después del primer panqueque, o como mucho después del segundo, ya le habréis cogido el tranquillo.

Si queréis hacer panqueques salados, basta con aumentar ligeramente la dosis de sal y eliminar el azúcar.

base perfecta
para las
TARTAS SALADAS

— 130 g de harina 0
— 130 de harina integral
— 110 g de agua
— 65 g de aceite virgen extra
— ½ cucharadita de sal

Vertemos las dos harinas en un cuenco grande. Si queréis, también podéis utilizar solo la harina integral, pero, en mi opinión, con las dos harinas el sabor final es más delicado.

Añadimos la sal y mezclamos bien, después incorporamos los líquidos: el agua y el aceite. Empezamos a mezclar con la ayuda de una cuchara, después amasamos con las manos. No hace falta amasar mucho tiempo: 2 minutos es más que suficiente. En todo caso, podemos seguir amasando hasta obtener una mezcla homogénea.

Extendemos la masa con un rodillo para conseguir un espesor de 4-5 milímetros. La colocamos en un molde para tartas (el mío tiene un diámetro de 24 cm), haciendo que sobresalga ligeramente, porque el exceso nos servirá para doblar el borde hacia el interior. Encima de la base, podéis poner el relleno que queráis (tenéis una idea en la p. 118), dejando libre la parte superior de las paredes. Doblad los bordes como prefiráis: a mí me gusta hacerlo de manera irregular. Ahora la tarta está lista para meterla en el horno: a 200 °C durante unos 40-45 minutos o hasta que quede dorada.

Esta base es muy buena y la masa se puede utilizar para miles de recetas diferentes.

conservación El tiempo de conservación depende principalmente del relleno que elijamos para la tarta, pero, por lo general, se puede mantener en la nevera, en un recipiente hermético, durante 3-4 días. La masa por separado también se puede congelar y utilizarla en otra ocasión. En este caso, dejaremos que se descongele de forma natural.

consejo extra Si queréis, podéis realzar esta masa con hierbas aromáticas trituradas, como el tomillo o el romero: de esta manera, la masa tendrá un toque personal, un aroma particular y sabroso.

PASTA FRESCA
sin huevo

PARA 6-8 PERSONAS
— 500 g de sémola de trigo duro
— 250 g de agua tibia
— 5 g de sal

Vertemos la sémola en un cuenco grande y añadimos la sal. Después, incorporamos el agua:
la cantidad de agua tiene que ser más o menos la
mitad de la harina. No puede estar ni demasiado
caliente ni demasiado fría. Agua tibia o a temperatura ambiente va muy bien.

Amasamos durante unos 5 minutos, con energía, en una tabla. La parte que tiene que trabajar
es el fondo de la palma de la mano: aprovechamos
nuestro propio peso para empujar la masa hacia
delante, haciéndola correr sobre la superficie de
la tabla. Si queréis preparar la pasta más tarde
podéis dejar la masa obtenida en reposo, envuelta en plástico para alimentos (a temperatura
ambiente). Si tenéis prisa, la pasta también se
puede hacer enseguida: estará buenísima en
ambos casos.

conservación La masa obtenida se
puede conservar durante 24 horas en la nevera:
lo importante es dejar que vuelva a alcanzar
la temperatura ambiente antes de utilizarla.
Si preferimos congelarla, la dejaremos
descongelar a temperatura ambiente y la
elaboramos de manera normal después, con la
ayuda de un poco de harina para extenderla.

consejo extra Si queréis dar un color amarillo a la pasta
(como la pasta con huevo, para que nos entendamos) basta con
añadir una puntita de cúrcuma o de azafrán a la masa.

Lo mismo vale para otros colores: para obtener unos
hermosos tallarines rojos, solo hay que añadir algunas gotas
del líquido de la remolacha cocida. Para raviolis verdes, podéis
triturar una pequeña cantidad de espinacas cocidas y utilizar ese
líquido en lugar del agua.

ÑOQUIS DE PATATA

— 1 kg de patatas,
  si es posible, un poco viejas
— 300 g de harina 0
— 1 cucharadita rasa de sal

Lavamos con mucho cuidado las patatas con agua fría del grifo y las limpiamos con un cepillo para eliminar todos los residuos de tierra. Las ponemos con piel en una olla y las hervimos en agua salada hasta que estén completamente hechas: para comprobarlo, las pinchamos con un tenedor hasta que veamos que están blandas en el centro. Después de la cocción, las pasamos directamente al prensador de patatas y las machacamos en una tabla. Añadimos la harina y la sal, y después amasamos, mezclando los ingredientes. Es importante incorporar la harina con la masa aún caliente, para conseguir unos ñoquis más ricos.

Dejamos la masa en la tabla hasta que esté tibia, después enharinamos la superficie, cogemos una porción de pasta y la hacemos rodar entre las manos, para obtener un cilindro alargado de 1 cm de grosor aproximadamente. Con la ayuda de un cuchillo, cortamos el cilindro en varios trozos. Podemos dejar los ñoquis así o terminarlos con la tablilla especial para estriar, pero si no tenemos podemos utilizar un rallador o las puntas de un tenedor.

Tapamos una bandeja con un trapo de cocina limpio, lo enharinamos bien y colocamos los ñoquis a medida que los vamos haciendo, dejándolos ligeramente separados entre sí. Después esparcimos más harina por encima.

Para la cocción, llevamos a ebullición una buena cantidad de agua salada. Sumergimos los ñoquis y empezamos a removerlos enseguida. Si la olla no es muy grande, sugiero cocerlos en dos o más tandas. En pocos minutos, empezarán a flotar: los sacamos con una espumadera y los aliñamos directamente, para que no se queden pegados. Por esa misma razón, no recomiendo el uso de un colador.

conservación Los ñoquis de patata se conservan durante unas horas en la nevera, crudos, encima de la bandeja enharinada y cubiertos con plástico para alimentos. También pueden meterse en el congelador, siempre sobre la misma bandeja. Solo cuando estén perfectamente congelados podremos pasarlos a una bolsa de plástico para alimentos. Para cocerlos, los sumergimos en agua hirviendo, sin descongelarlos.

Una vez hechos, la conservación dependerá del aliño elegido.

TORTAS *integrales*

PARA 6 TORTAS PEQUEÑAS
— 250 g de harina integral (o semiintegral)
— 125 g de agua a temperatura ambiente
— 20 g de aceite de oliva virgen extra
— 1 cucharadita rasa de sal

Vertemos la harina en un cuenco, añadimos la sal, el agua y el aceite. Mezclamos el conjunto y amasamos unos minutos. Dividimos la masa en 6 bolitas que extendemos con un rodillo, intentando conseguir formas redondas. A continuación hacemos las tortas en una sartén precalentada, a fuego medio durante 1 minuto por cada lado, aproximadamente.

consejo extra
Para acompañar las tortas, podéis utilizar lo que queráis.

Algunos ejemplos: humus (p. 80), verduras asadas, tomates maduros, espinacas o queso para untar (p. 75).

conservación Las tortas se conservan en la nevera durante 3 días, dentro de un recipiente hermético, y también se pueden congelar. Antes de su consumo, recomiendo volver a pasarlas por la sartén para que estén calientes y firmes.

QUESTO PARA UNTAR

vegano

- 300 g de tofu clásico
- 50 ml de agua
- 1 cucharada de levadura nutricional
- ½ diente de ajo
- ½ limón
- 1 cucharada de aceite de oliva virgen extra
- ½ cucharadita de sal y pimienta al gusto
- 80 g de anacardos, remojados en agua durante un mínimo de 2 horas, bien escurridos y aclarados
- cebollino y/u otras hierbas aromáticas al gusto

Ponemos todos los ingredientes en la batidora de vaso, excepto el cebollino, que incorporaremos después de obtener una crema. Lo batimos todo. Si resulta difícil, podemos añadir un poco más de agua. Después de obtener una textura lisa y cremosa, transferimos el «queso» a un cuenco y añadimos el cebollino triturado y/u otras hierbas aromáticas que hayamos escogido, y mezclamos bien todo. Ya tenemos una crema untable muy sabrosa y versátil, perfecta para consumir con pan, crackers y tortas. También es ideal para aliñar la pasta, con tomates cherry o vuestras verduras preferidas.

conservación Este «queso» se conserva en la nevera durante un máximo de 5 días, dentro de un recipiente hermético.

REQUESÓN
DE ANACARDOS

— 100 g de anacardos
— el zumo de ½ lima (o limón)
— 1 cucharadita de vinagre de manzana
— 1 pizca de sal
— 1 cucharada de levadura nutricional
— 30-40 ml de agua

Dejamos los anacardos en remojo durante unas horas en mucha agua a temperatura ambiente, de manera que se ablanden y eliminen las grasas de su interior. El tiempo ideal de remojo sería de 8 a 24 horas, pero para ablandarlos es suficiente con 2 horas.

Después de remojarlos, los aclaramos bien con agua del grifo y los escurrimos por completo. Los pasamos al vaso de la batidora, que ponemos en marcha después de añadir el resto de ingredientes. Poco a poco, los anacardos deberían transformarse en una crema suave. Probablemente, habrá que limpiar los bordes de la batidora 2-3 veces a lo largo del proceso, que solo requerirá unos minutos. Si os parece que necesita más agua, la podéis añadir poco a poco.

Una vez terminado, podemos probar la crema y ajustar, si es necesario, el punto de sal y de acidez. Después transferiremos el requesón a un recipiente donde se puede conservar durante varios días.

conservación El requesón de anacardos se conserva hasta 5 días en la nevera, bien tapada. Si decides congelarla, basta con descongelarla a temperatura ambiente durante al menos 1 hora antes de consumirla. En el congelador puede durar 2-3 meses.

consejo extra Si no tenéis anacardos, también podéis utilizar almendras peladas o nueces de macadamia. Sin embargo, en este caso, recomiendo dejarlas en remojo durante mucho más tiempo: ¡necesitan al menos 20 horas para ablandarse!

PESTO DE ALBAHACA

— 30 g de piñones
— 50 g de albahaca
— 2-4 cucharadas de aceite de oliva virgen extra
— 1 cucharada de levadura nutricional
— ½ diente de ajo
— sal

Machacamos o trituramos los piñones en la batidora hasta que casi se conviertan en polvo. Añadimos el resto de ingredientes, volvemos a triturar y, en pocos instantes, habremos obtenido un delicioso pesto.

conservación Vertemos el pesto en un cuenco y lo guardamos en la nevera, cubierto con plástico para alimentos o en un recipiente hermético. De esa manera se puede conservar durante 3-4 días. También se puede congelar y, antes de su consumo, dejarlo descongelar a temperatura ambiente. En función de esta, necesitará unas 2-4 horas.

consejo extra
Existe un truco fantástico para conseguir un pesto verdísimo y muy cremoso: basta con añadir un cubito de hielo a la batidora, a la vez que los demás ingredientes, y triturar el conjunto. El choque térmico dará a vuestro pesto un color verde intenso y la pequeña cantidad de agua lo volverá más cremoso.

NATA MONTADA
vegana

— 1 tarro (o una lata) de garbanzos de 400 g con bajo contenido en sal (no más de 0,6 g por 100 g)
— 1 punta de levadura de repostería
— 4 cucharadas de azúcar glas

Abrimos el tarro y escurrimos bien los garbanzos, que podemos aprovechar para otra receta (recomiendo el humus de la p. 80), lo que necesitamos es el líquido de la conserva. Este, llamado aquafaba, se utiliza muchísimo en la pastelería vegana, porque se monta igual que la nata montada.

Echamos una punta de levadura de repostería en el líquido y empezamos a montarlo con un batidor manual o una batidora planetaria. Al cabo de unos 10 minutos deberíamos conseguir una textura prácticamente idéntica a la obtenida con clara de huevo.

Ahora podemos añadir el azúcar glas, una cucharada cada vez, mientras seguimos batiendo. Finalmente, obtendremos una textura y un sabor muy parecidos a los de la nata montada.

conservación

Esta nata montada no se conserva mucho tiempo: al cabo de unas horas empezará a desmontarse. Recomiendo, por lo tanto, prepararla en el momento o justo antes de consumirla.

HUMUS DE GARBANZOS

— 250 g de garbanzos cocidos
— el zumo de 1 limón (o de 1 lima)
— 1 diente de ajo sin piel y
   sin el germen (la parte verde interna)
— 1 cucharada colmada de tahina
— 1 pizca de sal
— 1 pizca de pimienta recién molida
— 2-3 cucharadas de aceite de oliva virgen extra
— ½ vaso de agua

Colocamos todos los ingredientes en la batidora de vaso, excepto la sal y el agua. Batimos hasta obtener una textura muy cremosa. Poco a poco, añadimos el agua para conseguir la consistencia deseada. Ajustamos el punto de sal y seguimos batiendo hasta que los sabores estén bien mezclados. Hay quien prefiere un humus muy «liso», mientras que a otros les gusta más granuloso. La única regla es… seguir vuestro gusto.

Metemos el humus en un cuenco y terminamos con un poco de pimienta molida y un hilo de aceite. Si queréis, podéis decorarlo con vuestras hierbas aromáticas preferidas.

conservación El humus se conserva hasta 5 días en la nevera, dentro de un recipiente hermético. También podéis congelarlo; basta con descongelar a temperatura ambiente al sacarlo.

consejo extra
A menudo muchas personas me preguntan si el humus se puede preparar sin la tahina, porque les cuesta encontrarla. Hay que buscarla en los supermercados o comercios ecológicos, donde la venden casi siempre. También la encontramos fácilmente en los comercios de productos orientales.

Y si es realmente imposible conseguirla, ¡también podéis prepararla en casa! El procedimiento es exactamente idéntico al de la mantequilla de almendras que encontráis en la página 84, solo hay que hacerla con semillas de sésamo.

BABA *GANOUSH*

— 1 kg de berenjenas
— el zumo de 1 limón de tamaño medio
— 1 cucharada de tahina
— 1 diente de ajo
— 2 cucharadas de aceite de oliva virgen extra
— 1 cucharadita rasa de sal
— pimienta negra
— menta fresca y semillas de sésamo (opcional)

Lavamos y secamos las berenjenas. Las dividimos en dos en sentido longitudinal, partiéndolas con un cuchillo bien afilado; después marcamos la pulpa a cuadraditos, sin perforar la piel del otro lado. Reblandecemos por la parte plana con un hilo de aceite y las colocamos boca abajo en una bandeja forrada de papel de horno. A continuación horneamos a 200 °C durante 1 hora y sin ventilación. Cuando las berenjenas estén hechas, se habrán encogido ligeramente y estarán muy arrugadas. Esperamos hasta que se enfríen, después las abrimos y, con mucho cuidado, empezamos a sacar la pulpa con la ayuda de una cuchara. Dejamos la pulpa extraída encima de un colador, para que suelte el exceso de agua que no necesitamos. Dejamos escurrir y después pasamos la pulpa durante unos minutos a la batidora de vaso, donde añadiremos la tahina, el zumo de limón, el diente de ajo, la sal y la pimienta. Trituramos durante unos instantes, hasta que la mezcla parezca homogénea. También podéis machacar todo con un tenedor, en cuyo caso obtendréis una crema más granulosa. Cuando la mezcla esté uniforme, añadimos 2 cucharadas de aceite y volvemos a accionar brevemente la batidora por última vez.

Ahora podemos transferir la crema a un cuenco, que se puede decorar con un poco de aceite adicional, semillas de sésamo y también menta triturada. Si queréis, también combina muy bien con pimentón, tanto el dulce como el ahumado.

Esta crema de berenjenas es ideal para consumir con verduras crudas, para untar en tostadas o tortas o, aún mejor, pan de pita, como manda la tradición. Consejo personal: en mi opinión, también es buenísima para aliñar la pasta y las ensaladas.

conservación El *baba ganoush* se conserva hasta 3-4 días en la nevera, dentro de un recipiente hermético. Podemos congelarlo y sacarlo del congelador 2 horas antes de servirlo, dejándolo descongelar a temperatura ambiente.

consejo extra Os podéis divertir, experimentando con las diversas tipologías de la berenjena. Cada una, de hecho, tiene sus características y su sabor: seguro que, entre todas ellas, encontraréis vuestra preferida y aprenderéis a conocer cada vez mejor las variantes de esta versátil hortaliza.

MANTEQUILLA DE ALMENDRAS
o de otros
frutos secos

— 300 g de vuestro fruto seco preferido
— 1-2 cucharadas de aceite de almendra o de semillas
   de girasol (opcional)
— 1 pizca de sal (opcional)

Para hacer la mantequilla de almendras, o de cualquier otro fruto seco, colocamos las almendras en una bandeja y las tostamos en un horno con ventilación y precalentado a 190 °C durante 5-7 minutos. Después de sacarlas del horno, sin dejar que se enfríen, las metemos directamente en la batidora de vaso y accionamos las cuchillas a la velocidad más baja. Si queréis, también podéis añadir una pizca de sal.

Al principio obtendremos una textura arenosa, después la mezcla se espesará y cada vez se volverá más untuosa. Estas fases tardarán unos 5-10 minutos, según la calidad del aparato que utilicéis. Tenemos que estar atentos para no sobrecargar la batidora: si se calienta demasiado, es necesario hacer una pausa. Si, al cabo de unos minutos, el resultado no es satisfactorio, el aceite de almendras (u otro aceite de sabor neutro) os será de gran ayuda: servirá para hacer el proceso más sencillo y más rápido. Finalmente, deberíais obtener una textura fluida, similar a la del chocolate derretido; la mezcla espesará después de enfriarse.

conservación
La mantequilla de almendras se puede conservar en la nevera durante un mes como máximo.

consejo extra   Es muy importante batir las almendras (o los frutos secos que queréis utilizar) mientras aún están calientes: el calor hará el proceso mucho más rápido. ¡Probadlo para creerlo!

Además, especialmente en el caso de la mantequilla de cacahuete, el tostado es fundamental: tiene la capacidad de destruir las enzimas capaces de degradar las grasas que, a largo plazo, provocan los olores desagradables. En general, el tostado libera sabores y aromas más intensos, dando aún más sabor a la mantequilla de frutos secos.

Si no tenéis una batidora potente, también vale una de mano: para las mantequillas de frutos secos yo utilizo los dos tipos, indistintamente. Lo importante es escoger un aparato resistente.

MANTEQUILLA DE CACAHUETE

— 300 g de cacahuetes tostados no salados

Vertemos los cacahuetes en el vaso de la batidora. La mía tiene una capacidad de 1,4 litros: si tenéis una más grande, aumentad la cantidad de cacahuetes para trabajar más fácilmente. Al principio obtendremos una especie de polvo, después en el fondo se formará una pasta. Probablemente necesitaremos abrir la tapa de vez en cuando para limpiar el borde con una cuchara. Seguimos batiendo hasta obtener una crema blanda y lisa. Si queréis conseguir una mantequilla ligeramente granulosa, podéis triturar algunos cacahuetes por separado e incorporarlos a la crema.

MANTEQUILLA DE · ALMENDRAS ·

CREMA PARA UNTAR
con avellanas y cacao

— 300 g de avellanas crudas
— 2-4 cucharadas de aceite de avellanas o de semillas (opcional)
— 80 g de azúcar glas
  (también podéis triturar el azúcar que queráis)
— 40 g de cacao
— 1 punta de extracto de vainilla
— 1 pizca de sal

Tostamos las avellanas durante 5-10 minutos en el horno a 180 °C. Esto las hará más sabrosas y más fáciles de triturar. Si las que utilizáis aún tienen piel, tostarlas también permitirá pelarlas con más facilidad. Basta con meterlas en un tarro mientras están calientes y sacudirlas hasta que se haya desprendido la mayor parte de las pieles.

Echamos las avellanas en una batidora de vaso. Ahora, tenemos que triturarlas hasta que se conviertan en mantequilla: esta operación puede tardar entre 5 y 20 minutos, en función de la potencia de vuestro aparato. En todo caso, hay que armarse de paciencia y, de vez en cuando, parar la batidora para limpiar los bordes y empujar la mezcla hacia las cuchillas. Si no conseguís obtener una pasta lisa y homogénea, podéis arreglarlo con aceite de avellanas o de semillas: 2-4 cucharadas ayudarán a acelerar el proceso.

Una vez obtenida una textura lisa y mantequillosa, añadimos el azúcar glas.

Si no queréis utilizar azúcar blanco, podéis escoger otro tipo de azúcar y triturarlo muy fino. Esto es necesario porque el azúcar no se disuelve en las grasas, por lo que la crema tendrá la misma textura que la del azúcar molido que utilicéis.

Junto con el azúcar, también añadimos el resto de los ingredientes.

Trituramos o batimos la mezcla hasta que sea homogénea y la transferimos a un recipiente de cristal.

Al principio, la crema estará bastante líquida, pero la textura se irá volviendo más densa a medida que se vaya enfriando.

conservación
Esta crema se conserva en la nevera durante 1 mes, dentro de un tarro de cristal o un recipiente hermético.

consejo extra
Si preferís no utilizar azúcar, podéis sustituirlo por dátiles deshuesados, preferiblemente dátiles Medjoul, que son los más blandos y dulces.
En vez de los 80 g de azúcar, recomiendo utilizar 100 g de dátiles, que añadiremos a la batidora después de triturar las avellanas.

«mi»
GUACAMOLE

— 1 aguacate Hass de tamaño medio
— 1 lima (o 1 limón, aunque el sabor
   será menos fresco e intenso)
— ramitas de cilantro
— 1 pizca de sal
— 1 pizca de pimienta molida
— 1 pimiento

Pelamos el aguacate y extraemos la pulpa, que cortaremos en daditos y colocaremos en un cuenco. Exprimimos la lima o el limón encima del aguacate, evitando que caigan las pepitas. Cortamos el cilantro de manera grosera y lo añadimos al cuenco. Cortamos el pimiento en sentido longitudinal, eliminando las partes blancas y las semillas, y lo cortamos también en trocitos muy pequeños. Echamos el pimiento en el cuenco, después añadimos sal y pimienta, y mezclamos todo.

conservación
El guacamole se conserva durante 24 horas en la nevera, mejor si está tapado con un plástico para alimentos, justo encima de la mezcla.
   Si la superficie ennegrece, no hay ningún problema: con mucho cuidado, podemos rascarla con una cucharilla para eliminarla.
   El resto conservará su color y sabor.

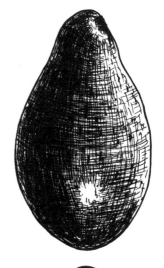

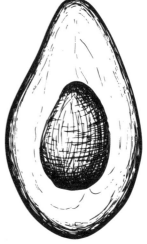

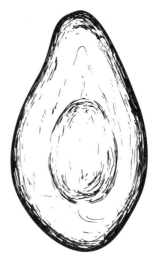

EL AGUACATE

El aguacate, normalmente, se considera un fruto que nos llega desde muy lejos, por lo tanto, no es exactamente ecológico: aprovecho esta oportunidad para comentaros que, recientemente, en el sur de España (especialmente en Andalucía) han surgido muchos cultivos de este fruto, que también crece muy bien en nuestras tierras.

CÓMO ESCOGER UN BUEN AGUACATE

color

Existen diferentes variedades de aguacate, por lo que no podemos considerar el color como un indicador de su madurez. Los aguacates Hass, por ejemplo, se vuelven negros al madurar, mientras que otras variedades, como la Russell o la Fuerte, mantienen su color verde oscuro, y otras como los Lula son de un verde brillante incluso después de su maduración. En otras palabras, que la piel del aguacate aún esté verde no significa que no esté maduro.

textura

También la textura de la cáscara puede variar según los distintos tipos de aguacate, exactamente como el color. Algunas variedades son muy rugosas y abultadas, mientras que otras son lisas. Por lo tanto, esto tampoco es un buen indicador del estado de maduración del fruto, sino más bien del sabor que tendrá: de hecho, cada variedad de aguacate tiene un sabor ligeramente diferente de las otras, como ocurre con las manzanas u otras frutas y verduras. Por lo tanto, si habéis probado el aguacate alguna vez y creéis que no os gusta, podéis darle una segunda oportunidad. Os recomiendo mi variedad preferida, la Hass.

consistencia

Repetid conmigo… «El aguacate maduro tiene la consistencia de un bonito melocotón, ligeramente blando al tacto, pero no demasiado». Esta consistencia nos dice: «Por dentro no estoy duro como una piedra, sino tierno y listo para ser degustado». El truco está en cogerlo con la mano y ejercer una ligera presión por todo su alrededor, no en un solo punto, porque si aplicamos demasiada presión en una pequeña área, este punto ennegrecerá, como ocurre en los plátanos. Tenemos que envolverlo bien con la palma de la mano y apretar sin exagerar. Si está muy blando y los dedos se hunden en la piel, el aguacate ya está demasiado maduro. Si está blando como un melocotón maduro, entonces está en el punto de madurez perfecto para comerlo o dejarlo en la nevera, donde aguantará todavía unos 4-5 días.

peciolo

Si tenéis dudas acerca de qué aguacate comprar entre tantos idénticos, recomiendo escoger siempre uno que conserve aún el peciolo. A veces, estos se pierden accidentalmente y, aunque pueda parecer algo superfluo, en realidad puede estropear, y mucho, el proceso de maduración, haciendo que el fruto madure de manera desigual o que ennegrezca la pulpa. Si estáis en casa y el aguacate os parece que está en su punto, podéis hacer una inspección final eliminando el peciolo: si la zona de debajo es de un color entre el amarillo y el verde, el aguacate se puede comer. Si es marrón, probablemente estará demasiado maduro. Si el aguacate no está maduro, os costará más arrancar el peciolo. Es mejor guardarlo unos días más.

uniformidad

Hay que acordarse de escoger aguacates que no tengan manchas negras en la superficie porque un punto o una mancha negra en el exterior podría corresponder a una zona negra en su interior. Siempre hay que intentar elegir frutos que presenten un color uniforme y una bonita superficie redonda y no abollada.

¿CÓMO PODEMOS ACELERAR LA MADURACION DEL AGUACATE?

OPCIÓN 1 Lo metemos en una bolsa de papel con una manzana o un plátano. El etileno, un gas que sueltan estas frutas, hace que el aguacate madure más deprisa.

Esto vale también en el caso de querer acelerar la maduración del propio plátano.

OPCIÓN 2 Personalmente, no recomiendo este método, porque el sabor no será el mismo que el de un buen aguacate maduro, pero si tenéis mucha prisa, lo podéis envolver en papel de aluminio para alimentos y dejarlo en el horno a 100 °C durante 10-30 minutos. El tiempo dependerá del punto de dureza y madurez del aguacate. Dejadlo enfriar por completo, antes de probarlo. Estará prácticamente maduro.

CÓMO CORTAR EL AGUACATE

¿QUÉ HAGO SI HE CORTADO EL AGUACATE Y AÚN NO ESTÁ MADURO?

Primero: no desesperarnos, nos ha pasado a todos, a mí también… y con algunos trucos, se puede remediar. Podemos rociar la superficie del aguacate que hemos cortado con zumo de limón o de lima, volver a cerrarlo sin quitar el hueso y envolverlo en plástico para alimentos. Lo metemos en la nevera y esperamos. Al cabo de unos días, el problema puede haberse solucionado, especialmente si el aguacate ya estaba bastante cerca del punto de maduración. Si aún le faltaba mucho, no prometo nada, solo puedo cruzar los dedos por vosotros.

MAYONESA
&
chips de boniato

MAYONESA

— 120 ml de aceite de semillas de girasol
— 60 g de leche de soja sin azúcar ni aromas
— 1-2 cucharadas de zumo de limón
  (o de vinagre)
— 1 pizca de sal
— 1 pizca de cúrcuma en polvo
  (opcional, solo para darle un toque de color)
— 1 cucharada de mostaza

Ponemos todos los ingredientes en un recipiente, bastante estrecho y alto si es posible. Con una batidora de mano batimos todo hasta conseguir una consistencia densa: es realmente sencillo, no debería tardar mucho. Si esto no sucede, probablemente es porque el brazo de la batidora no está completamente sumergido en el líquido: si es así, podemos volver a intentarlo con un recipiente más estrecho. Cuando esté lista, transferimos la mayonesa a un cuenco y la servimos.

conservación En la nevera, la mayonesa se conserva en un recipiente hermético o cubierta con plástico para alimentos, durante un máximo de 4 días. También se puede congelar, pero hay que acordarse de descongelarla a temperatura ambiente.

consejo extra Siempre hay que tener al alcance de la mano medio vaso de leche de soja extra. Si, mientras estáis batiendo, notáis que la emulsión se vuelve inestable y la mayonesa se corta, podéis añadir 1 cucharada de leche (o más, si es necesario) para estabilizarla.

Chips de boniato
AL HORNO

— 1 boniato
— 2 cucharadas de fécula de maíz
— 3 cucharadas de aceite de semillas de girasol
  (o aceite de oliva virgen extra)
— pimentón dulce
  (para el color y el sabor ligeramente picante)
— sal

Cortamos el boniato en bastoncillos, con la clásica forma de las patatas fritas. Es importante que los lados no superen el centímetro de grosor. Los colocamos en un cuenco grande, junto al aceite, con una buena pizca de sal y, si queréis, un poco de pimentón. Mezclamos bien y, después, añadimos la fécula de maíz, distribuyéndola de manera uniforme sobre todos los bastoncillos de boniatos.

Los colocamos en una bandeja cubierta con papel de horno, dejando espacio entre uno y otro: esto es muy importante para que queden crujientes. Horneamos a 240 °C en un horno precalentado con ventilación durante unos 10 minutos. Los sacamos del horno, los giramos y los volvemos a hornear otros 10 minutos.

PATATAS ESPECIADAS
al horno

— 1 kg de patatas
— 1 cucharada de pimentón (yo utilizo el picante, pero el dulce va bien también)
— 4 cucharadas de aceite de oliva virgen extra
— 2-3 ramitas de tomillo
— ½ cucharadita de sal
— pimienta molida

Lavamos bien las patatas y las secamos con un paño: deberíamos conservar la piel, por lo tanto, es mejor que estén bien limpias. Las ponemos encima de una tabla y empezamos a hacer cortes profundos y muy juntos en la superficie, sin partir completamente la patata, deteniendo el corte más o menos 1 centímetro respecto de la superficie de trabajo. Una vez finalizada esta operación, colocamos todas las patatas en una bandeja cubierta con papel de horno.

Ahora preparamos el condimento: en un vaso o un pequeño cuenco vertemos el aceite y añadimos el pimentón, las hojitas de tomillo, la sal y la pimienta. Mezclamos todo bien y con ayuda de un pincel repartimos generosamente la mitad del condimento en las patatas que, en este momento, estarán listas para hornear. Las metemos en el horno, precalentado a 200 °C, durante 1 hora aproximadamente. Después de la cocción, las patatas tendrán un aspecto dorado y crujiente, y será el momento de volver a pincelarlas con la otra mitad del condimento. Las servimos calientes y, si queréis, acompañadas de alguna salsa al gusto.

PAN
sin amasar

- 150 g de sémola de trigo duro
- 200 g de harina integral
- 270 ml de agua tibia/caliente
- 3 g de levadura de cerveza deshidratada
  (más o menos 1 cucharadita de café)
- 1 cucharadita rasa de sal

Vertemos en un cuenco grande las harinas, la sal y la levadura de cerveza. Si solo tenéis levadura fresca, basta con doblar la dosis y disolverla en un poco de agua.

Mezclamos bien los ingredientes y añadimos el agua. Recomiendo no utilizar agua demasiado caliente; de lo contrario, podríamos matar la levadura. Mezclamos con una cuchara: ahora es cuando os daréis cuenta de lo sencilla que es la elaboración de este pan… ¡ni siquiera se necesita amasar! Removemos durante 1-2 minutos, justo el tiempo necesario para mezclar bien todos los ingredientes. Cubrimos la masa con plástico para alimentos, la sellamos bien y dejamos crecer durante unas 3-4 horas.

Una vez terminada la fermentación, retiraremos el plástico: notaréis que la masa casi ha doblado en volumen y que está un poco plana y pegajosa (no es para preocuparse, es algo normal).

Esparcimos un puñado de harina sobre una superficie seca y ponemos la masa encima. Ahora, sin hacer demasiada presión con las manos, la redondeamos ligeramente, doblando las extremidades hacia el centro, incorporando aire en el interior mientras intentamos formar una bola. El aire incorporado ayudará a la fermentación del pan. Después de formar la bola, la colocamos encima de una hoja de papel de horno.

Para hornear este pan, yo utilizo una olla de hierro fundido. ¿Por qué? Porque en un ambiente cerrado se genera vapor dentro de la olla, que ayuda a que crezca el pan y, por lo tanto, a obtener una bonita hogaza tierna y ligera. Podéis utilizar cualquier olla de acero inoxidable, lo importante es que no tenga ninguna pieza de plástico.

Transferimos el pan a la olla, cerramos la tapa y lo dejamos crecer durante 1 hora más. Si no tenéis una tapa sin componentes de plástico, también podéis sellar la olla con papel de aluminio.

Regulamos el horno a 230 °C en modo estático y, cuando esté bien caliente, introducimos la olla. Dejamos que el pan se haga durante 40 minutos en el recipiente cerrado. Si queréis obtener una bonita corteza dorada, podéis dejarlo otros 10 minutos en el horno, pero sin tapa.

Como habéis visto, este pan requiere unos 5 minutos de trabajo en total, el resto solo es tiempo de espera.

consejo extra Para este pan, pueden servir varios tipos de harina: la 0, la 1, la sémola, la harina integral, la de espelta o la de cebada… Yo recomiendo la combinación que acabo de utilizar para esta receta, que me encanta. Pero, si queréis, podéis experimentar con otras harinas. Solo hay que recordar una cosa: al menos el 60-80 % de la harina total tiene que contener gluten. Solo podéis utilizar harina sin gluten en una pequeña porción, ¡de lo contrario, vuestro pan no ligará y no se podrá dar forma a la masa!

FOCACCIA DE PUGLIA

— 200 g de patatas
— 500 g de sémola de trigo duro
— 4 g de levadura de cerveza seca
— 300 ml de agua tibia
— 7 g de sal
— 25-50 g de aceite de oliva virgen extra
— 1 cucharadita de azúcar

PARA LA GUARNICIÓN
— tomates cherry
— alcaparras
— sal gorda
— orégano seco

En un cuenco grande, colocamos las patatas, hervidas y machacadas con un prensador de patatas, la sémola de trigo duro y la sal. Mezclamos brevemente para obtener una amalgama.

En paralelo, disolvemos la levadura en el agua, junto al azúcar. Si la levadura no se disuelve por completo, no hay que preocuparse. Lo vertemos todo en el cuenco con las patatas y la sémola, y empezamos a amasar, manualmente o con la máquina, añadiendo también 2 cucharadas de aceite. Seguimos amasando hasta obtener una mezcla lisa y homogénea. Tardará unos 10 minutos. Después de conseguir una esfera blanda y lisa, la dejamos crecer en el cuenco, cubierta con un paño húmedo, durante 3-4 horas.

Pasado este tiempo, cogemos la masa y, sin manipularla demasiado, la extendemos en una gran fuente de horno (la mía mide 30 x 40 cm), con el fondo bien engrasado. Dejamos reposar durante otra hora, siempre cubierta.

Hacia el final de la fermentación, encendemos el horno en modo estático a 200 °C: cuando metamos la *focaccia*, este tiene que estar bien caliente.

Antes de introducir la *focaccia* en el horno, hacemos los clásicos huecos con la punta de los dedos y condimentamos la superficie con otras 2-3 cucharadas de aceite, un poco de sal gorda (si os gusta), tomates cherry, orégano y alcaparras. Todo con las cantidades que queráis, sin sobrecargar la superficie: os recomiendo cortar los tomates cherry en 4 en lugar de 2, para obtener trocitos más ligeros. Cuando la *focaccia* esté lista, la horneamos unos 30 minutos. Al final de la cocción, tiene que haber crecido en volumen y estar bien dorada en la superficie.

conservación Esta *focaccia* se conserva durante 2-3 días, envuelta en un paño, pero también se puede congelar; la descongelamos de forma natural (basta con dejarla fuera del congelador durante unas horas a temperatura ambiente) o bien calentándola unos 10 minutos en el horno.

PIZZA
en el horno de casa

PARA 5-6 PIZZAS
— 900 g (aprox.) de harina 0 (o harina 1)
— 500 ml de agua tibia
— 23 g de sal
— 2 g de levadura de cerveza seca
— 10 g de azúcar
— 25 g de aceite de oliva virgen extra

Mezclamos la mitad de la harina con la levadura de cerveza. Disolvemos la sal en el agua tibia.

Poco a poco, vertemos el agua salada en el cuenco, donde ya están la harina y la levadura, mezclando con una mano para hacer una amalgama. Obtendremos una masa bastante líquida. Añadimos el aceite y el azúcar, que ayudarán en la fermentación. Seguimos mezclando hasta que la masa esté perfectamente homogénea.

A continuación añadimos poco a poco el resto de la harina, siempre trabajando bien la masa, hasta que esta ya no se quede pegada a las manos. No hace falta añadir toda la harina indicada: cuando la mezcla se vuelva maleable, ya podemos parar.

Amasamos con energía durante 10-15 minutos en una tabla.

Dividimos la masa en 5-6 partes que redondearemos para darle forma de bolas. Las separamos y las dejamos reposar durante 6 horas, encima de una superficie bien enharinada, cubiertas con un paño de cocina.

Una vez terminada la fermentación, extendemos cada bola con las manos, aplastando los bordes lo menos posible. Podéis condimentar las pizzas como más os guste y hornearlas a la máxima temperatura posible en modo estático. Podéis utilizar una piedra refractaria o una bandeja de horno. En este último caso, recomiendo utilizar papel de horno para evitar que las pizzas se peguen a la bandeja, obligándonos a limpiarla entre un horneado y el siguiente.

consejo extra

¿No es exagerada la cantidad de sal?

Lo habéis leído bien: para 5-6 pizzas, necesitamos 23 g (o incluso 25) de sal. Creedme, no comeréis pizzas supersaladas: la masa que estamos preparando es una cantidad considerable y la sal se mide en proporción.

Si hacemos el cálculo, dentro de cada pizza tendremos finalmente unos 4 g de sal, la dosis correcta para no acabar comiendo pizzas insípidas.

PRIMAVERA

FRITTATA DE GARBANZOS Y BARBA DE FRAILE *con cúrcuma*

PARA UNA FUENTE DE HORNO DE 35×35 CM

PARA LA MASA
— 200 g de harina de garbanzos
— 600 ml de agua a temperatura ambiente
— 1 cucharadita de sal
— 1 cucharadita de cúrcuma
— 50 ml de aceite de oliva virgen extra

PARA LA BARBA DE FRAILE
— 200 g de barba de fraile o barilla
— 1 diente de ajo
— aceite de oliva virgen extra
— sal

Colocamos la harina de garbanzos, la sal, la cúrcuma y el agua a temperatura ambiente en un cuenco. Mezclamos bien con un batidor manual hasta que ya no queden grumos. Retiramos la espuma que se formará en la superficie con una cuchara o una espumadera, después añadimos también el aceite. Lo dejamos reposar mientras preparamos las barrillas o barba de fraile. Las lavamos y las secamos bien, eliminando posibles raíces, y las cortamos en tiras, no más largas de 2 centímetros. Calentamos el diente de ajo en una sartén con un hilo de aceite y añadimos las tiras. Salamos y cocemos a fuego medio durante 5-10 minutos, sin dejar de remover. Al final de la cocción, habrán menguado y estarán blandas: es el momento de añadirlas a la masa de harina de garbanzos, preparada anteriormente, mezclando bien el conjunto.

Después cogemos una fuente de horno y engrasamos bien el fondo (como alternativa, también podéis utilizar papel de horno). Disponemos la mezcla en el recipiente y horneamos a 200 °C en modo estático, durante 30 minutos.

conservación Esta *frittata* de garbanzos se conserva hasta 5 días en un recipiente hermético en la nevera, aunque también se puede congelar.

consejo extra La barba de fraile o salsola soda se encuentra en el mercado de marzo a mayo, y tiene hojas largas y filiformes, gruesas y llenas. Su sabor es agradable y ligeramente ácido. En el momento de la compra, hay que inspeccionar las hojas, que no estén demasiado flácidas, sino bien carnosas. Se suele consumir hervida, condimentada con aceite y sal.

La superficie debe quedar ligeramente dorada al final de la cocción; si no fuera así la dejaremos unos minutos más. Después de sacarla del horno, esperamos a que la *frittata* se enfríe un poco antes de cortarla: de este modo le damos tiempo para que se compacte. Media hora más tarde, aproximadamente, podremos degustarla aún caliente (¡aunque fría también está buenísima!).

HUMUS
de garbanzo y
CALABACÍN

— 400 g de calabacín
— 240 g de garbanzos
— 2-3 cucharadas de tahina
— el zumo de 2 limones pequeños (o limas)
— 2-3 cucharadas de aceite de oliva virgen extra
— 1 diente de ajo
— cilantro triturado (opcional)
— sal

En primer lugar, lavamos y cortamos los calabacines en rodajas finas. Las salteamos en una sartén con el diente de ajo, una pizca de sal y un hilo de aceite, removiendo sin parar durante unos 10 minutos. Cuando estén tiernas, las colocamos en la batidora con los garbanzos y el resto de los ingredientes. Batimos o trituramos todo y, si es necesario, añadimos un chorrito de agua para conseguir una textura cremosa.

Ajustamos el punto de sal y seguimos batiendo hasta obtener la textura deseada. Seguimos batiendo hasta que los sabores estén perfectamente mezclados. Hay quien prefiere un humus muy «liso»; a otros les gusta más granuloso, pero la única regla es seguir vuestro gusto.

Ponemos el humus en un cuenco y por último molemos un poco de pimienta por encima y vertemos un hilo de aceite.

Si queréis, lo podéis decorar con cilantro fresco triturado.

conservación
Se conserva durante 4-5 días en la nevera, dentro de un recipiente hermético. También se puede congelar, a condición de dejarlo descongelar a temperatura ambiente.

consejo extra
Siguiendo el mismo procedimiento, podemos preparar humus con prácticamente cualquier tipo de verdura: pimientos, alcachofas, espinacas… Podéis experimentar hasta el infinito, para descubrir cuáles son vuestros preferidos.

MACARRONES DE ESPELTA
al pesto de guisantes y albahaca

— 380 g de macarrones de espelta (o cualquier pasta al gusto)
— 250 g de guisantes
— 30 g de piñones
— 10-15 hojas de albahaca
— 1 cucharadita de levadura nutricional
— 1 diente de ajo
— aceite de oliva virgen extra
— sal

Calentamos el diente de ajo en una sartén con un hilo de aceite. Añadimos los guisantes, frescos o congelados, salamos y dejamos cocer durante 10 minutos, removiendo de vez en cuando y añadiendo un poco de agua si es necesario.

Cuando estén hechos, ponemos en el vaso de una batidora los piñones, los guisantes que acabamos de cocer (reservando unos cuantos para la decoración final), la albahaca, la levadura nutricional y 3-4 cucharadas de aceite. Trituramos todo, añadiendo agua si es necesario, hasta obtener una textura bastante homogénea.

En función de vuestros gustos podéis seguir triturando hasta conseguir una textura muy fina o dejar de triturar antes para lograr un pesto más granuloso.

Hervimos nuestra pasta preferida en agua salada: yo elijo los *penne rigate* de espelta. Cuando la pasta esté hecha *al dente*, la escurrimos y la aliñamos con el pesto de guisantes. Emplatamos, añadimos los guisantes que habíamos reservado y decoramos al gusto con algunos piñones y algunas hojitas de albahaca.

conservación
Este plato se conserva durante 3 días en la nevera, dentro de un recipiente hermético.

LASAÑA AL PESTO
con patatas y judías verdes

PARA 6 PERSONAS

PARA EL PESTO
— 60 g de piñones
— 100 g de albahaca
— 4-6 cucharadas de aceite de oliva virgen extra
— 1 cucharada de levadura nutricional
— 2 cubitos de hielo
— ½ diente de ajo
— sal

PARA LA LASAÑA
— 300 g de pasta para lasaña de trigo duro (sin huevo)
— 300 g de patatas nuevas
— 400 g de judías verdes
— albahaca
— piñones

PARA LA BECHAMEL
— 1 l de leche de soja sin azúcar ni aroma
— 60 g de harina 0
— 60 g de aceite de oliva virgen extra
— 1 pizca de nuez moscada en polvo

Preparamos el pesto, siguiendo las indicaciones de la página 78. Podéis preparar las patatas y las judías como prefiráis: hervidas o al vapor. Una vez hechas, las aliñamos al gusto.

Para la bechamel, calentamos en una cazuela el aceite, añadimos la harina y un vaso de leche de soja. Mezclamos hasta obtener una crema homogénea, disolviendo bien la harina. Hecho esto, añadimos toda la leche de soja restante y la llevamos a ebullición mientras removemos. La mezcla se espesará hasta transformarse en una crema blanda. Cuando haya alcanzado la consistencia de la clásica bechamel, apagamos el fuego, aromatizamos con la nuez moscada y reservamos.

Cuando todos los ingredientes estén preparados, extendemos una capa de bechamel en el fondo de una fuente. La mía mide 35 x 35 centímetros. A continuación superponemos una capa de pasta y volvemos a empezar con una de bechamel. Encima de la bechamel, añadimos una capa de patatas (que hemos cortamos en rodajas previamente) y de judías verdes, para después terminar con algunas cucharaditas de pesto aquí y allá. Volvemos a empezar con la capa de pasta y repetimos el mismo procedimiento: bechamel, patatas, judías, pesto. Seguimos creando nuevas capas hasta que terminemos los ingredientes que habíamos preparado. Una vez acabado, tendríamos que haber obtenido al menos 4-5 capas de cada ingrediente.

Hacemos la lasaña al horno, precalentado a 180 °C, durante 35-40 minutos. Finalmente, la decoramos con albahaca y piñones.

conservación
Podemos conservar la lasaña en la nevera, en la fuente de horno, cubierta con plástico para alimentos o en un recipiente hermético. De esta manera se conserva hasta 3 días. También la podemos congelar: en el momento de consumirla, recomiendo calentarla al horno durante 20 minutos a 180 °C.

RISOTTO PRIMAVERA
con
requesón de anacardos

— 300 g de arroz Carnaroli
— 1 cebolla dorada
— ½ vaso de vino blanco
— 2 zanahorias
— 200 g de guisantes frescos
— 1 patata nueva de tamaño medio
— 100 g de judías verdes
— 2 l aproximadamente de caldo vegetal
— 200 g de requesón vegetal de anacardos (p. 77)
— hierbas aromáticas al gusto
— aceite de oliva virgen extra
— sal y pimienta

Llevamos a ebullición el caldo, después bajamos el fuego al mínimo. Mientras tanto, picamos la cebolla muy fina y cortamos en daditos las zanahorias, las patatas y las judías. Sofreímos la cebolla en 2-3 cucharadas de aceite, después añadimos el arroz, que tostaremos durante 2-3 minutos antes de rehogarlo con el vino blanco.

Una vez evaporado el vino, añadimos un cazo de caldo vegetal y, justo después, todas las verduras: zanahorias, patatas, guisantes y judías. Esperamos a que el arroz esté cocido. En ese momento, añadimos la mitad del requesón vegetal y 2 cucharadas de aceite, ajustando el punto de sal y pimienta.

Hay que servir el *risotto* caliente, espolvoreándolo con hierbas aromáticas al gusto y añadiendo otra cucharada de requesón de anacardos en cada plato.

conservación
Este *risotto* se conserva durante 1-2 días en la nevera, dentro de un recipiente hermético.

consejo extra
¿Tenéis invitados para cenar y queréis servirles un *risotto*, pero sin pasaros todo el tiempo en la cocina mientras los invitados están esperando? No hay problema. Sea cual sea vuestro *risotto*, lo podéis preparar de antemano, antes de que lleguen los invitados, y detener la cocción unos 5-7 minutos antes de llegar al final. Apagamos el fuego y cubrimos con la tapa. Después, antes de servirlo, retomamos la cocción de manera natural, añadiendo caldo caliente cuando sea necesario. Nada más terminar la cocción, ya se puede servir. De esta manera, vosotros también podéis disfrutar de la cena.

ENSALADA DE AVENA
con
rúcula, calabacín y aceitunas

— 300 g de avena en grano
— 3 calabacines
— 2 cebolletas
— 2 manojos de rúcula
— 3 cucharadas de aceitunas cornicabra
— 3 cucharadas de semillas de girasol
— 3-4 cucharadas de aceite de oliva virgen extra
— sal y pimienta

Aclaramos la avena con agua corriente y la hervimos en agua salada durante el tiempo indicado en el envase.

Lavamos y cortamos los calabacines en rodajas finas y las cebolletas en aros. Aliñamos todo junto en un cuenco con aceite, sal y pimienta. Lo colocamos en una bandeja, cubierta con papel de horno, y lo horneamos durante 20-25 minutos en un horno estático a 220 °C.

Mientras tanto, escurrimos la avena, la dejamos enfriar y la aliñamos con aceite, rúcula, semillas de girasol y aceitunas *taggiasca* (si queréis, las podéis cortar en trocitos, antes de añadirlas). Finalmente, agregamos los calabacines y las cebolletas.

Este es un plato perfecto para servir tanto tibio como frío.

conservación
Esta ensalada de avena se conserva en la nevera durante 2-3 días.

consejo extra
Si queréis convertir esta ensalada fresca en un delicioso plato único, basta con añadir una legumbre: estará buenísimo con alubias blancas, garbanzos o guisantes.

HAMBURGUESA ROSA
con remolacha

PARA 6 HAMBURGUESAS
— 280 g de alubias blancas cocidas
— 1 remolacha pequeña cocida
— 80 g de calabacín
— 1 cucharadita de cebolla, salteada en la sartén
— ½ cucharadita de tomillo fresco o seco
— 3-4 cucharadas de pan rallado
— aceite de oliva virgen extra
— ½ cucharadita de sal
— pimienta

Ponemos en la batidora las alubias, la remolacha cortada en trocitos, el calabacín, la cebolla salteada, el tomillo, la sal y la pimienta al gusto. Trituramos, pero no demasiado; solo hasta que veamos que la textura se vuelve maleable, porque es preferible que estas hamburguesas conserven un poco de consistencia.

Transferimos la mezcla a un cuenco y añadimos 3 cucharadas de pan rallado: recomiendo empezar con 3, y después, si es necesario, añadir alguna más.

Cuando podamos amasar la mezcla, empezamos a dar forma a nuestras hamburguesas. Obtendremos 6: yo las hago del tamaño de la palma de la mano.

Condimentamos con un hilo de aceite en la superficie y las horneamos durante unos 20 minutos en un horno estático a 220 °C, dándoles la vuelta a media cocción.

conservación

En la nevera, estas hamburguesas se conservan hasta 3 días y, si no están cocidas, también se pueden congelar, preferiblemente dentro de un recipiente hermético.

De esta manera se pueden guardar durante 3 meses.

consejo extra

**IDEA PARA EL MONTAJE
DE ESTAS HAMBURGUESAS**
Tomé la mayonesa (p. 93) algunas gotas del líquido fucsia que sueltan las remolachas cocidas. La unté en la base del panecillo, coloqué dos hojas de lechuga, puse encima la hamburguesa, algunas rodajas de aguacate, y despúes un poco más de lechuga. Entonces, unté con otro poco de mayonesa la «tapa», y… he aquí nuestro bocadillo, con su sabor fresco y delicado.

PINK BURGER

8 PAN
7 MAYONESA
6 ENSALADA
5 AGUACATE
4 HAMBURGUESA R
3 ENSALADA
2 MAYONESA
1 PAN

TARTA SALADA DE ESPELTA
con crema de espárragos
y judías verdes

PARA UN MOLDE DE TARTA
DE 22-24 CM DE DIÁMETRO

PARA LA MASA
— 260 g de harina de espelta
  semiintegral o integral
— 110 ml de agua
— 65 ml de aceite de oliva virgen extra
— 1 cucharadita rasa de sal

PARA EL RELLENO
— 3 cebolletas
— 500 g de espárragos
— 250 g de judías verdes
— 200 g de queso vegetal
  (podéis utilizar el de la receta de la página 75)
— 3 cucharadas de pan rallado
— 1 cucharadita de cebollino triturado
— aceite de oliva virgen extra
— 1 cucharadita rasa de sal

En un cuenco grande, disponemos la harina y la cucharadita de sal. Añadimos el agua y el aceite, y empezamos a mezclar con una cuchara, antes de amasar a mano. Elaboramos la masa hasta que adquiera una consistencia homogénea (bastarán unos minutos). A continuación la cubrimos con un paño o la envolvemos con plástico para alimentos y la reservamos.

Mientras tanto, preparamos el relleno: cortamos en rodajas la parte blanca de las cebolletas y las sofreímos en una sartén con unas cucharadas de aceite. Eliminamos los extremos de las judías y después las cortamos en trozos. Quitamos la parte blanca de los espárragos y los cortamos en trozos también, reservando algunas puntas. Lo incorporamos todo a una sartén, añadimos la sal y dejamos cocer a fuego medio, con la tapa puesta, removiendo de vez en cuando y añadiendo un chorrito de agua si es necesario. Al cabo de 10-15 minutos las verduras estarán tiernas. Con una batidora de mano, las batimos hasta que se conviertan en una crema blanda. También añadimos el queso vegetal y el cebollino, mezclando estos ingredientes con la masa. Cuando obtengamos una crema lisa y homogénea de color verde claro, añadimos el pan rallado para espesarla.

Extendemos la masa de espelta hasta conseguir un grosor de 4-5 mm y la colocamos en nuestro molde de tarta, que habremos engrasado o cubierto con papel de horno previamente. Después vertemos el relleno encima, distribuyéndolo de manera uniforme sobre toda la superficie. Doblamos los bordes hacia el interior, para darle un aspecto rústico a la tarta. A continuación cogemos las puntas de los espárragos que habíamos reservado: las cortamos en dos en sentido longitudinal y las colocamos encima del relleno. Rociamos la superficie de la tarta con un hilo de aceite y horneamos a 200 °C en un horno estático precalentado durante unos 40-50 minutos.

conservación
En la nevera, esta tarta se conserva hasta 4 días dentro de un recipiente hermético. Como alternativa, también la podemos congelar. Para descongelarla, la metemos en el horno estático a 200 °C durante unos 20 minutos.

consejo extra Existen diferentes variedades de espárragos: blancos, rojos, morados, verdes, silvestres, etc. Cualquiera va bien con esta receta. Solo quiero recordar que conviene elegir espárragos con una forma regular, que no estén doblados ni agrietados, ni tampoco flácidos (a excepción de los espárragos silvestres que, al ser más finos, se doblan con facilidad).

CROSTATA
con crema de yogur y frambuesas

PARA LA BASE
— 200 g de harina 1 (o harina 0)
— 6 g de levadura de repostería
— 1 pizca de sal
— 50 g de azúcar moreno de caña
  (u otro tipo de azúcar)
— 55 g de leche vegetal al gusto
  (preferiblemente a temperatura ambiente)
— 50 g de aceite de semillas

PARA LA CREMA
— 125 g de anacardos, remojados durante
  al menos 2 horas
— 1 cucharadita de extracto de vainilla
— 3 cucharadas de jarabe de agave
— 125 g de yogur de soja
— sal

PARA COMPLETAR
— 200 g de frambuesas
— 30 g de chocolate negro
— azúcar glas (opcional)

En primer lugar preparamos la crema: colocamos en una batidora los anacardos ablandados y bien escurridos, el extracto de vainilla, el jarabe de agave, el yogur de soja y una pizca de sal. Batimos hasta obtener una crema lisa y homogénea. La transferimos a un cuenco y la guardamos en la nevera mientras preparamos el resto.

En un cuenco grande, incorporamos la harina, la levadura de repostería y la sal. Mezclamos bien para obtener una amalgama. Disolvemos por separado el azúcar en la leche vegetal y añadimos también el aceite de semillas. Vertemos entonces los líquidos en el cuenco donde hemos mezclado los sólidos y seguimos amasando hasta que se forme una pasta lisa y homogénea: no deberíamos tardar más de unos minutos. Repartimos la masa en un molde de tarta engrasado (el mío mide 13 × 28 cm), creando bordes ligeramente más altos que la base, para evitar que se desborde sobre la crema. Horneamos la base durante unos 20 minutos en un horno estático a 180 °C.

Cuando esté dorada, la sacamos del horno y la dejamos enfriar. Derretimos el chocolate al baño maría y lo pincelamos sobre la base. Esto la protegerá: la crema no entrará en contacto directo con la masa y no la podrá ablandar, ya que la capa de chocolate la mantendrá separada.

Ahora llega el turno de la crema, preparada anteriormente, que se habrá espesado mientras tanto. La distribuimos bien sobre la base con la ayuda de una cuchara o de una espátula. En el momento de servir, colocamos las frambuesas encima de la *crostata* y, si queréis, terminamos esparciendo azúcar glas.

conservación Esta *crostata* se conserva durante 2-3 días en la nevera, bien tapada o dentro de un recipiente con cierre hermético.

Se recomienda colocar las frambuesas unas horas antes de consumirla.

GREEN
smoothie
BOWL

PARA 2 PERSONAS

PARA EL BATIDO
— 1 plátano
— 1 aguacate pequeño
  (o ½ aguacate grande)
— 2 kiwis
— 1 pera ercolina
— 250 ml de leche de almendras
— 1 cucharada de jarabe de agave
  (u otro edulcorante)
— 1 pizca de sal

PARA COMPLETAR
— 1 plátano
— fruta al gusto
— coco en escamas
— granola
— frutos secos y semillas

Batimos todos los ingredientes del batido: la fruta (pelada, cuando sea necesario), el edulcorante, la sal y la leche de almendras.

Vertemos la mezcla obtenida en dos boles de desayuno, decorando la superficie con los ingredientes indicados o con otros, según vuestros gustos. Consumir enseguida.

consejo extra
Si queréis conseguir una mezcla muy fresca, podéis conservar la fruta y la leche en la nevera durante al menos una noche, antes de batirla. También se pueden incorporar algunos cubitos de hielo batidos con los ingredientes.

COOKIES
con doble chocolate

PARA 12-18 COOKIES
— 130 g de harina 1 (o harina integral de trigo blando)
— 45 g de cacao
— 1 pizca de sal
— 6 g de levadura de repostería
— 70 g de aceite de semillas de girasol
— 90 g del edulcorante seco que prefiráis
  (yo utilizo el azúcar moreno de caña)
— 40 g de leche vegetal al gusto
— 150 g de sobras de chocolate negro (de los huevos de Pascua,
  por ejemplo, o chocolate negro 70 %)
— extracto de vainilla
— canela en polvo

conservación

Estas galletas se conservan durante unos días (máximo 7-8) dentro de un recipiente hermético.

Si queréis, también podéis congelarlas, pero entonces deberéis descongelarlas a temperatura ambiente al menos media hora antes de consumirlas.

Empezamos reduciendo el chocolate a trocitos muy pequeños, que reservaremos.

Mezclamos en un cuenco la harina, el cacao, la sal y la levadura. Vertemos en otro cuenco el aceite de semillas y el edulcorante. Añadimos un poco de vainilla y de canela, al gusto. Finalmente, añadimos la leche vegetal.

Después mezclamos los contenidos de los dos cuencos para hacer una amalgama con los ingredientes. Una vez conseguida una mezcla homogénea, añadimos el chocolate que habíamos troceado al principio. Obviamente, podéis daros un capricho y utilizar también, en lugar del chocolate, los frutos secos o las semillas que prefiráis.

A continuación empezaremos a formar las galletas: recomiendo hacerlas muy pequeñas, porque se expandirán durante la cocción. Podéis dejar entre 1 y 1,5 cm de grosor, precisamente porque, al expandirse, también tienden a aplanarse. Una vez terminada la masa, podéis hornear las galletas durante unos 10-15 minutos en un horno estático precalentado a 180 °C. Cuanto más tiempo permanezcan en el horno, más crujientes estarán. Si las dejáis menos tiempo, estarán más blanditas.

TARTA DE ZANAHORIA
sin gluten

PARA UN MOLDE DE TARTA DE 16×23 CM

— 250 g de zanahorias peladas
— 250 ml de yogur de soja
— 180 g de azúcar moreno de caña
  (o azúcar de coco)
— 100 g de copos de avena finos
— 1 cucharadita de canela
— ½ cucharadita de sal
— 150 g de harina de arroz
— 1 sobre de levadura de repostería

PARA LA CREMA
— 60 g de leche vegetal
— 3 cucharadas de jarabe de arce
— el zumo de ½ limón
— 150 g de anacardos (pesados en seco)
  puestos en remojo y bien escurridos
— 1 pizca de sal

PARA DECORAR
— avellanas trituradas al gusto

Cortamos las zanahorias en rodajas y las ponemos en el vaso de la batidora. Después añadimos el yogur, los copos de avena (en las tiendas se encuentran fácilmente los que están certificados sin gluten), el azúcar, la canela y la sal. Ponemos en marcha la batidora hasta obtener un puré bastante homogéneo, que transferimos a un cuenco.

Añadimos la harina de arroz y la levadura. Mezclamos bien todo y vertemos el resultado en un molde para tarta, cubierto con papel de horno (o bien engrasado y ligeramente enharinado). Lo horneamos durante 40-45 minutos a 180 °C en un horno estático.

Mientras la tarta está en el horno, podemos preparar una crema con la que completar nuestro postre: batiendo todos los ingredientes indicados anteriormente, obtendremos una crema suave y deliciosa.

Sacamos la tarta del horno y la colocamos sobre un plato. Añadimos la crema, distribuyéndola bien por la superficie. Como toque final se pueden añadir trocitos de frutos secos al gusto.

conservación
Esta tarta se conserva durante 3-4 días dentro de un recipiente hermético.

También la podemos congelar; se descongela a temperatura ambiente, o bien en un horno estático a 180 °C durante 10-15 minutos.

MUFFINS
semiintegrales
con
ARÁNDANOS

— 300 g de harina 0 (o harina 1)
— 16 g de levadura de repostería
— ½ cucharadita de sal
— 220 g de leche vegetal
— 125 ml de yogur de soja
— 1 cucharadita de extracto de vainilla
— 120 ml de jarabe de arce
   (o 120 g de azúcar + 60 ml de leche vegetal)
— 3 cucharadas (55 g) de mantequilla de almendras
— 200 g de arándanos

Disponemos en un cuenco grande la harina con la levadura de repostería y la sal.

En otro cuenco mezclamos la leche vegetal, el yogur de soja, el extracto de vainilla y el jarabe de arce. Finalmente añadimos la mantequilla de almendras (u otra mantequilla de frutos secos…, particularmente recomendada es la de anacardos).

Mezclamos bien todo para hacer una amalgama, después lo incorporamos al cuenco donde está la harina, removiendo bien con una cuchara. Cuando la mezcla esté lisa y homogénea, vertemos la masa en los moldes para muffins, donde habremos colocado previamente las típicas cápsulas de papel.

Finalmente, añadimos los arándanos por encima: una docena en cada muffin, más o menos. Con la cocción, se hundirán en la masa. Hornear durante 20-25 minutos, a 180 °C en un horno estático.

conservación Estos muffins se conservan durante 3-4 días en un recipiente hermético. También se pueden congelar: en el congelador aguantarán 1 o 2 meses.

Dejar que se descongelen a temperatura ambiente.

consejo extra También podéis preparar estos muffins sustituyendo los arándanos por cualquier otra fruta: por ejemplo, plátanos, fresas o frambuesas combinan igual de bien con esta masa.

POSTRE DE SEMILLAS DE CHÍA
con fresas

PARA 1 PERSONA

— 3 cucharadas de semillas de chía
— 120 g de leche vegetal al gusto
— 1 cucharadita de edulcorante (opcional)
— 50 g de fresas
— 2 cucharadas de mermelada de fresa

PARA DECORAR

— 2 cucharadas de granola (o cereales de desayuno)
— 1 cucharada de anacardos (u otro fruto seco)
— menta (opcional)

Para preparar una buena ración de este postre de chía, basta con verter las semillas de chía en un cuenco y añadir vuestra leche vegetal preferida. Mezclamos con una cucharilla durante unos segundos: las semillas de chía empezarán a inflarse y la mezcla se espesará. Si queréis, podéis agregar una cucharadita de edulcorante, pero no es imprescindible.

Mientras esperamos que la mezcla se espese, extendemos la mermelada de fresa en el fondo de un vaso. Añadimos parte de las fresas, cortadas en trocitos.

Después, vertemos el postre de chía, que se habrá compactado mientras tanto, llenando el vaso casi hasta el borde. Cortamos las fresas restantes y las colocamos encima. Si os apetece, podéis añadir otra fruta. Para un desayuno nutricionalmente completo, recomiendo también un poco de granola y de frutos secos troceados (en este caso, elegí anacardos). Para terminar, podéis agregar también un poco de menta, que dará un toque de frescor al conjunto.

conservación Se puede preparar este postre la noche anterior. En ese caso, si lo metéis en un tarro, en lugar de en un vaso, se puede convertir en un cómodo almuerzo para llevar. Este postre de semillas de chía solo, sin fruta, se conserva hasta 5-6 días en la nevera, y también se puede congelar (dejando que se descongele en la nevera durante una noche o a temperatura ambiente). En el congelador durará hasta 2 meses. Si queréis tenerlo preparado con anterioridad, recomiendo mantenerlo siempre separado de la fruta y de los demás ingredientes, que es preferible añadir justo en el momento de consumir.

VERANO

CUSCÚS
con
VERDURAS ESTIVALES
y curri

PARA 2 PERSONAS
— 180 g de cuscús
— 150 g de garbanzos cocidos
— ½ cebolla
— 1 pimiento rojo
— 1 calabacín
— 1 cucharadita de curri
— 3 cucharadas de uvas pasas
— aceite de oliva virgen extra
— sal

Trituramos la cebolla y la calentamos en una sartén con un hilo de aceite. Cuando esté traslúcida, agregamos el pimiento, cortado en daditos, que dejaremos cocer solo unos minutos. Incorporamos a continuación el calabacín, también cortado en daditos de 1 centímetro de lado. Sazonamos y dejamos que las verduras se hagan a fuego medio durante 5-10 minutos, removiendo sin parar. Cuando se hayan ablandado las verduras, incorporamos los garbanzos y una cucharadita colmada de curri. Mezclamos durante 1 minuto. Si el contenido de la sartén está demasiado seco, podemos agregar un chorrito de agua.

En este momento, echamos también el cuscús y medio vaso de agua en la sartén (no hace falta cocer el cuscús primero).

Mezclamos bien, añadimos las uvas pasas y otra pizca de sal (el cuscús no está salado y, por lo tanto, hay que darle sabor). Apagamos el fuego y cubrimos con una tapa.

Dejamos reposar el cuscús y lo servimos caliente al cabo de 5 minutos.

conservación
Este plato se conserva durante 3-4 días en la nevera y también se puede congelar.

El cuscús con verduras estivales y curri es buenísimo, tanto caliente como frío.

BERENJENAS
glaseadas

PARA 2-4 PERSONAS

— 2 berenjenas medianas
— 1 cucharada de aceite de oliva virgen extra
— 1 pizca de sal

PARA EL GLASEADO
— 3 cucharadas de aceite de sésamo
— el zumo de 1 limón
— 1 cucharada de vinagre de manzana
— 2 cucharadas de salsa de soja

Lavamos y cortamos las berenjenas en trozos. Después las condimentamos con aceite y una pizca de sal. No debemos excedernos con la sal, porque más tarde añadiremos la salsa de soja, que tiene un sabor muy fuerte. Colocamos los trozos, bien separados, en una bandeja, cubierta con papel de horno, y los horneamos durante 20 minutos a 220 °C, en modo estático.

Aprovechamos este tiempo para preparar el glaseado, mezclando en un cuenco el aceite de sésamo, el zumo de limón, el vinagre de manzana y la salsa de soja.

Al cabo de 20 minutos, sacamos las berenjenas del horno y las recubrimos con el glaseado preparado. Volvemos a meterlas en el horno durante otros 15-20 minutos, las sacamos y ya están listas para degustar, calientes o frías.

PAPPA
al POMODORO
(sopa de tomate italiana)

— 750 g de tomate triturado
  (o de tomates bien maduros)
— 300 g de pan duro
— 1 cebolla roja
— 2 dientes de ajo
— 8-12 hojas de albahaca
— aceite de oliva virgen extra (unas 4 cucharadas)
— 1 cucharadita de sal

Si no tenéis pan duro, pero sí pan de hace unos días, podéis cortarlo en rebanadas, colocarlas en una bandeja y calentarlas en un horno estático a 160 °C durante 15-20 minutos: se secarán y quedarán perfectas para esta receta.

Pelamos el ajo y cortamos la cebolla a trocitos. Ponemos una olla en el fuego y vertemos un poco de aceite; añadimos enseguida el ajo y la cebolla, que dejamos sofreír solo unos minutos, hasta que se vuelvan transparentes, pero sin llegar a dorarse completamente.

Añadimos entonces el tomate triturado o maduro, cortado en dados bien menudos. Llevamos a ebullición a fuego medio.

Mientras esperamos, si habéis optado por secar el pan en el horno, podemos sacarlo. Si queréis una pappa al pomodoro muy suave, recomiendo retirar la corteza del pan. Si, por el contrario, preferís notar los tropezones, no hace falta hacer nada.

Cuando el tomate comience a hervir, bajamos el fuego al mínimo.

Añadimos el pan duro en trocitos y mezclamos bien el conjunto.

Si es necesario, o bien si notáis que vuestra pappa al pomodoro está demasiado seca y tiende a pegarse en el fondo, podéis agregar un poco de agua. Seguimos mezclando unos instantes más. Después volvemos a tapar, esta vez con el fuego apagado, para que el conjunto coja sabor y se ablande. Podemos dejarlo tapado durante 15-20 minutos.

Pasado este tiempo, volvemos a remover un poco para que la pappa al pomodoro quede homogénea. Quitamos el ajo y salamos al gusto. Después, añadimos la albahaca, previamente troceada con las manos, y, para terminar, un hilo de aceite. También se puede incorporar finalmente un poco de guindilla.

consejo extra Si tenéis un tomate aún verde y queréis que madure rápidamente, metedlo en una bolsa de papel (¡no utilicéis plástico, porque la condensación podría generar moho!) junto a una manzana o un plátano. El tomate reaccionará con el etileno que sueltan estas frutas, provocando una maduración acelerada.

RAVIOLIS DE SÉMOLA
con berenjena,
tomates cherry y albahaca

PARA 6-8 PERSONAS

PARA EL RELLENO
— 2-3 berenjenas de tamaño medio
— 2 dientes de ajo
— 3 cucharadas de aceite de oliva virgen extra
— 2-4 cucharadas de pan rallado
— sal, pimienta

PARA LA SALSA
— 1 kg de tomates cherry
— 10 hojas de albahaca
— 2 cucharadas de aceite de oliva virgen extra
— 1 diente de ajo
— sal

PARA LA PASTA
— 500 g de sémola remolida de trigo duro
— 250 g de agua a temperatura ambiente
— 5 g de sal
— cúrcuma o azafrán (opcional)

PREPARACIÓN DEL RELLENO
Cortamos las berenjenas en pequeños daditos y los cocemos en una sartén, después de haber calentado los dientes de ajo en un hilo de aceite. Salamos al inicio de la cocción de forma generosa y dejamos cocer a fuego medio, removiendo frecuentemente, hasta que los dados de berenjena se hayan dorado y ablandado. Los condimentamos con un poco de pimienta molida y los batimos con una batidora de mano. Después de obtener una mezcla lisa y homogénea, añadimos 2-4 cucharadas de pan rallado para espesarla. Mezclamos y reservamos, mientras preparamos la salsa y la pasta.

PREPARACIÓN DE LA SALSA
Para la salsa, calentamos el aceite con el diente de ajo y añadimos los tomates cherry, cortados por la mitad. Salamos y salteamos a fuego medio-alto durante 5-10 minutos, removiendo frecuentemente hasta que se hayan ablandado y se acumule un poco de jugo en el fondo. Apagamos el fuego y añadimos las hojas de albahaca.

PREPARACIÓN DE LA PASTA
En un cuenco grande, vertemos la sémola y la sal. Si queréis, podéis incorporar también una pizca de cúrcuma o de azafrán para conseguir un bonito color amarillo. Añadimos el agua y amasamos durante unos 5 minutos, con mucha energía, sobre una tabla. La parte que tiene que trabajar es el fondo de la palma: debéis utilizar vuestro propio peso para apoyaros en la mano y hacer fuerza,

empujando la masa hacia delante, de manera que recorra la tabla. Finalmente, dejamos reposar la masa envuelta en plástico para alimentos (a temperatura ambiente, no en la nevera) y preparamos la pasta aproximadamente 1 hora más tarde. Pero si tenéis prisa, también podéis utilizarla enseguida: la pasta saldrá buenísima en ambos casos.

PREPARACIÓN DE LOS RAVIOLIS
Recomiendo fraccionar la masa en varias partes, unas 6 o 7, para que sea más fácil de extender. Yo la preparo con la ayuda de una máquina para pasta, pero si no tenéis, también podéis extender la masa con un rodillo de cocina y cortarla a mano después. El grosor ideal para los raviolis es de alrededor de 0,5 milímetros.

Dividimos la masa en bastantes cuadraditos: yo suelo cortarlos de 6 x 6 cm, pero podéis hacerlos del tamaño que queráis. Vertemos una cucharadita de relleno encima de un cuadradito, mojamos los bordes con un poco de agua y lo tapamos con otro, presionando ligeramente para sellar. Repetimos esta operación con todos los raviolis, hasta que terminemos la pasta y el relleno.

COCCIÓN
Hervimos los raviolis en abundante agua salada durante 3-4 minutos. Aliñamos con la salsa de tomates cherry que hemos preparado previamente. Hay que servirlos calientes. Se pueden decorar los platos con algunas hojas de albahaca.

TABULÉ
de mijo

PARA 2 PERSONAS
— 160 g de mijo
— 1 tomate corazón de buey bien maduro
— 1 cebolla blanca pequeña
— el zumo de 2 limas
— 1 manojo de perejil
— 30 g de menta
— 3 cucharadas de aceite de oliva virgen extra
— sal

Trituramos finamente la menta y el perejil, que previamente habremos lavado y secado bien. Cortamos el tomate en daditos muy pequeños y picamos la cebolla muy fina.

Aclaramos el mijo varias veces con agua fría, después lo dejamos en una olla. Añadimos agua fría (la proporción exacta es de 1 parte de mijo y 2 partes de agua) y media cucharadita de sal. Llevamos a ebullición, después tapamos y bajamos el fuego al mínimo, dejando que la cocción siga durante 15-20 minutos y controlando de vez en cuando que el mijo no se pegue en el fondo.

Cuando el mijo esté hecho, lo transferimos a un cuenco y añadimos el resto de los ingredientes. Mezclamos bien todo y lo servimos, caliente o frío.

conservación
El tabulé se conserva en la nevera
durante un máximo de 2 días, bien tapado.

consejo extra
La receta original del tabulé se prepara con bulgur, un producto derivado del trigo (no se trata de un cereal, como muchos creen: el bulgur se obtiene dejando germinar el trigo duro, secándolo y rompiéndolo…, de manera que ¡el bulgur es trigo!).

El tabulé, sin embargo, es un plato que admite otros cereales (o seudocereales): por lo tanto, si queréis cambiar…, ¡vía libra a vuestra imaginación!

Aparte del mijo, podéis intentar preparar el tabulé de quinoa, amaranto, trigo sarraceno…

vertemos el mijo cocido en un cuenco

añadimos el aliño

mezclamos bien y servimos

FUSILLI
con
pimiento,
aceitunas y
pistachos

— 320 g de pasta
— 3-4 pimientos rojos
— 50 g de pistachos triturados
— 40 g de aceitunas
— albahaca
— aceite de oliva virgen extra
— sal

Cortamos la parte superior e inferior de los pimientos, eliminando semillas y posibles filamentos internos. Después partimos los pimientos en 4 trozos; a ser posible, planos y más o menos del mismo tamaño.

Los colocamos en una bandeja, con la piel girada hacia arriba, y los horneamos a 200 °C durante unos 40 minutos, con el gratinador encendido. Después de este tiempo, retirar la piel de los pimientos será muy sencillo, y la parte inferior estará completamente hecha.

Mientras tanto, ponemos una olla con agua salada en el fuego.

Eliminamos posibles restos de piel y de filamentos internos de los pimientos y los metemos en la batidora con 30 g de pistachos triturados (reservamos el resto de los trocitos de pistacho para decorar el plato). Añadimos una pizca de sal, 2 cucharadas de aceite y algunas hojas de albahaca. Trituramos todo muy fino para conseguir una crema lisa y blanda.

Hervimos la pasta, la escurrimos cuando esté *al dente* y la aliñamos con la crema de pimientos, las aceitunas y unas hojas de albahaca. Servimos cada plato con un hilo de aceite crudo y unos cuantos pistachos triturados.

Este plato es buenísimo tanto caliente como frío.

conservación
Esta preparación
se conserva hasta 3 días en la nevera.

GREEN GODDESS gazpacho

PARA 2 PERSONAS
— 1 aguacate
— 2 pepinos
— 1 diente de ajo
— 1 chile verde jalapeño
— 1 chalota
— el zumo de 2 limas
— 250 ml de yogur de soja
— sal y pimienta

PARA COMPLETAR
— hojas de albahaca
— aceite de oliva virgen extra
— rodajas de pepino
— yogur de soja

Sacamos la pulpa del aguacate y lavamos y cortamos en trocitos (con o sin la piel) los pepinos. Cortamos el jalapeño, retirando las semillas y la parte superior, picamos la chalota y pelamos el diente de ajo.

Vertemos el zumo de las limas en una batidora y añadimos todos los ingredientes mencionados hasta el momento. Añadimos el yogur de soja, 1 cucharadita rasa de sal y un poco de pimienta molida.

Batimos a máxima potencia hasta obtener una mezcla muy lisa y homogénea. La transferimos a dos cuencos y decoramos, por ejemplo, con 1 cucharada de yogur de soja, un hilo de aceite de oliva, algunas rodajas de pepino y unas hojas de albahaca.

Servimos el gazpacho fresco.

conservación Esta receta se conserva en la nevera hasta 24 horas, dentro de un recipiente hermético.

BATIDO
estival

PARA 2-3 PERSONAS
— 1 plátano
— 2 melocotones
— 300 g de fresas
— 500 ml de leche de almendras
— 1 pizca de sal
— 1 lima
— 1 cucharada de mantequilla
   de almendras

Pelamos el plátano, retiramos
el hueso de los melocotones y
quitamos las hojitas de las fresas.
Metemos la fruta en la batidora
junto con los demás ingredientes.
Batimos durante 1 minuto aproximadamente o hasta que ya no
queden grumos.
   Lo servimos frío.

conservación Este batido se conserva en la nevera hasta 12 horas máximo,
en una botella cerrada.

DECONSTRUCCIÓN DE CHEESECAKE
con higos

PARA 6 PERSONAS

PARA LA CREMA
— 4 higos frescos y maduros, sin piel
— 125 g de yogur de soja
— 90 g de anacardos, remojados durante
  al menos 2 horas
— 1 pizca de sal
— 2 cucharadas de jarabe de agave
— 1 cucharadita rasa de agar-agar
— 120 ml de leche de soja

PARA EL *CRUMBLE*
— 50 g de avena en copos
— 4 dátiles
— 20 g de almendras
— 1 pizca de sal

PARA COMPLETAR
— 6-8 higos frescos
— pequeñas hojas de albahaca

PREPARACIÓN DE LA CREMA
Escurrimos y secamos bien los anacardos, puestos en remojo, y los metemos en el vaso de una batidora. Añadimos los higos, el yogur de soja, el jarabe de agave y la sal.

Aparte, disolvemos 1 cucharadita rasa de agar-agar en la leche de soja. Llevamos a ebullición en una cazuela, removiendo sin parar. A continuación vertemos el contenido de la cazuela en la batidora con los otros ingredientes y lo calentamos hasta obtener una crema lisa y homogénea.

La vertemos enseguida en 6 vasos y los reservamos en la nevera.

PREPARACIÓN DEL *CRUMBLE*
En una batidora, disponemos los copos de avena, los dátiles deshuesados, las almendras y la sal. Trituramos hasta que los ingredientes estén ligeramente mezclados, sin exagerar.

Distribuimos la mezcla sobre una bandeja, cubierta con papel de horno, y horneamos durante 20 minutos a 180 °C en modo estático.

ACABADO DEL POSTRE
Una vez terminado, dejamos enfriar el *crumble* y luego lo repartimos sobre los vasos. Colocamos algunos trozos de higo encima de cada vaso, y decoramos con las hojitas de albahaca, que combinan a las mil maravillas con los higos.

conservación
Este cheesecake con higos se conserva en la nevera durante 2-3 días, bien tapado.

Os aconsejo esparcir el *crumble* y decorar con higos frescos solo en el momento de servir.

curiosidad El agar-agar se obtiene gracias a la elaboración y el secado de un alga (alga roja). Es un polisacárido que no altera el sabor de los ingredientes y un gelificante completamente vegetal. Para activar su acción, tiene que mezclarse con un líquido que se lleva a ebullición, porque su capacidad espesante solo se activa a altas temperaturas.

HELADO DE MANGO

— 1 mango de unos 600 g
— 150 g de leche de coco de lata
— 2 cucharadas de edulcorante (opcional)
— 1 pizca de sal

Cortamos el mango en trozos y le quitamos la piel, con mucho cuidado. Después de sacar también el hueso, tendríamos que obtener aproximadamente unos 500 g de pulpa.

Metemos los trozos de mango en la batidora. Para facilitar la operación y obtener un resultado muy cremoso, añadimos la leche de coco (se encuentra fácilmente en los comercios étnicos, biológicos o en los supermercados con una amplia oferta). Si no está en lata, también podéis utilizar otra leche vegetal: el resultado será un poco menos cremoso, pero igualmente buenísimo. Vertemos la leche en la batidora, junto con una pizca de sal, y empezamos a batir. Yo no añado ningún edulcorante, porque el mango ya es muy dulce, pero si queréis, podéis incorporar en este momento la cantidad deseada del que prefiráis.

Si tenéis una heladera, podéis verter la mezcla obtenida dentro y ponerla en marcha de manera normal. Si no, podéis utilizar otro recipiente y cerrarlo bien. Lo metéis en el congelador durante unas horas, hasta que quede completamente congelado. Entonces lo sacáis y cortáis el bloque de hielo en trocitos, que podéis colocar en una batidora. La ponemos en marcha y, si es necesario, paramos de vez en cuando para remover la mezcla. Una vez terminado de batir, habremos conseguido nuestro helado de mango.

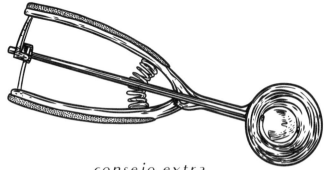

conservación
Transferimos el helado a un recipiente para poder meterlo en el congelador: de esta manera se puede conservar incluso hasta 2 meses. Hay que acordarse de sacarlo al menos media hora antes de consumirlo.

consejo extra
¿Cómo escoger un buen mango en su punto? La consistencia tendría que ser la de un melocotón maduro: si lo olemos en la parte del pedúnculo, tendríamos que notar un agradable aroma a mango.

TARTALETAS
con
mermelada de cereza

PARA 15-20 TARTALETAS

PARA LA MASA
— 180 g de harina 1
— 5 g de levadura de repostería
— 50 g de aceite de semillas de girasol
— 40 g de azúcar moreno de caña
— 40 g de leche vegetal
— 1 pizca de sal

PARA EL RELLENO
— 150 g de mermelada de cereza
— 10 cerezas frescas, lavadas y deshuesadas

En un cuenco grande, ponemos la harina tamizada junto con la levadura.

En otro recipiente, disolvemos el azúcar en la leche vegetal, removiendo con fuerza. Después añadimos también el aceite de semillas y la sal.

Vertemos el contenido en el cuenco con la harina y la levadura, mezclando hasta que ya no queden grumos. Unos minutos tendrían que bastar: la masa no requiere mucha elaboración. En cuanto esté compacta y homogénea, envolvemos la masa en plástico para alimentos y la dejamos enfriar en la nevera durante media hora como mínimo.

Una vez fría, sacamos la masa de la nevera y la extendemos con un rodillo entre dos hojas de papel de horno hasta que consigamos un grosor de 3-4 milímetros. Entonces cortamos la masa en muchos círculos, utilizando un cortapastas o simplemente un vaso, y colocamos cada círculo dentro de un molde para magdalenas o en moldes especiales para tartaletas, engrasados o cubiertos con papel de horno. Conservamos un poco de masa para la fase final de las tartaletas. Presionamos con mucho cuidado cada círculo dentro de su recipiente y formamos las paredes. Repartimos la mermelada en el centro de cada tartaleta, sin sobrepasar los bordes. Habrá que calcular 2-3 cucharaditas de mermelada por tartaleta.

Extendemos la masa restante, formando tiras que colocamos encima de las tartaletas, con la típica forma de rejilla.

Horneamos las tartaletas en modo estático, precalentado a 180 °C, durante 20 minutos o hasta que queden doradas.

conservación Las tartaletas se conservan durante 4-5 días, dentro de un recipiente hermético. Las podemos congelar y consumir tras dejar que se descongelen a temperatura ambiente durante 1 hora, más o menos, pero podrían reblandecerse ligeramente.

GALLETAS INTEGRALES
con pistachos

PARA 12-18 GALLETAS
(SEGÚN EL TAMAÑO)
— 180 g de harina de trigo blando integral (o harina 1)
— 1 pizca de sal
— 6 g de levadura de repostería
— 70 g de aceite de semillas de girasol
— 80 g de azúcar moreno de caña
  (es importante que no sea un edulcorante líquido)
— 40 g de leche vegetal al gusto
— extracto de vainilla (opcional)
— 150 g de pistachos triturados

Mezclamos en un cuenco grande la harina con la sal y la levadura.

En otro cuenco, vertemos el aceite de semillas, la leche vegetal y el azúcar. Si os gusta, podéis añadir una punta de extracto de vainilla o utilizar leche vegetal aromatizada con vainilla.

A continuación mezclamos el contenido de los dos cuencos para hacer una amalgama con todos los ingredientes.

Después de conseguir una mezcla homogénea, formamos las galletas: creamos discos de unos 6 cm de diámetro, con un grosor de 1 cm. Los colocamos encima de una bandeja, cubierta con papel de horno, dejando espacio entre galletas, porque se expandirán durante el horneado. Esparcimos 1 cucharadita de pistachos triturados por encima de cada galleta, ejerciendo una ligera presión para que los trocitos queden bien adheridos a la masa.

Hornear las galletas durante unos 15-20 minutos en un horno estático, precalentado a 180 °C. Cuando los bordes empiecen a dorarse, ha llegado el momento de sacarlas. Si las sacamos pronto, quedarán blanditas. Cuanto más tiempo las tengamos, más crujientes. Después de sacar las galletas del horno, las dejamos enfriar durante unos minutos y ¡ya las podemos probar! Resultan deliciosas cuando aún están calientes.

conservación

Estas galletas se conservan muy bien durante varios días dentro de un recipiente hermético. También las podemos congelar, basta con dejarlas descongelar a temperatura ambiente, sacándolas del congelador al menos media hora antes de consumirlas.

OTOÑO

PASTA
con
ragú de lentejas

PARA 2 PERSONAS
— 200 g de pasta
— 1 cucharada de mezcla de verduras para sofrito
- 200 g de lentejas cocidas
— romero
— 250 ml de tomate triturado
— aceite de oliva virgen extra
— sal y pimienta

Ponemos en el fuego una olla con abundante agua salada para hervir la pasta.

En una sartén echamos 1 cucharada de aceite y calentamos un poco de la mezcla para sofrito. Después añadimos las lentejas. Revolvemos para que coja sabor y añadimos algunas hojas de romero trituradas muy finas. Al cabo de unos minutos, incorporamos el tomate triturado. Salamos y dejamos cocer unos 5-10 minutos más, removiendo de vez en cuando.

Hervimos la pasta, la escurrimos cuando está *al dente* y la salteamos en la sartén del ragú, añadiendo un poco de pimienta.

Emplatamos, aliñando con un chorrito de aceite, y ya está lista nuestra sabrosísima pasta con lentejas, un plato ideal para el otoño y muy equilibrado.

conservación
Esta pasta se conserva durante 3 días en la nevera y también se puede congelar. Resulta muy cómodo hacerlo por raciones y poder descongelar, así, la cantidad que necesitemos cuando queramos.

RISOTTO SEMIINTEGRAL A LA CALABAZA
con nueces y queso vegano

— 300 g de arroz semiintegral para *risotto*
— ½ calabaza mantovana o Delica, previamente cocinada al vapor
— 1 cebolla dorada
— ½ vaso de vino blanco
— 2,5 l de caldo vegetal
— 4-6 hojas de salvia
— 60 g de nueces picadas
— 2 cucharadas de levadura nutricional
— 100 g de requesón de anacardos (p. 77)
— aceite de oliva virgen extra
— sal y pimienta

Cortamos la calabaza en daditos de 1 cm de lado aproximadamente. La condimentamos con una pizca de sal y 2 cucharadas de aceite, la colocamos en una bandeja, cubierta con papel de horno, y la horneamos durante 30 minutos a 200 °C (horno estático). Una vez terminada la cocción, la transferimos a un cuenco y la batimos con la ayuda de una batidora de mano.

Picamos la cebolla y la sofreímos con un hilo de aceite en la olla donde prepararemos el *risotto*. Cuando esté traslúcida, también añadimos el arroz y lo tostamos durante 2 minutos a fuego lento.

Rehogamos con el vino blanco y, cuando se haya evaporado el alcohol, comenzamos a cocer el arroz según la forma más habitual, incorporando poco a poco un cucharón de caldo a medida que este se vaya absorbiendo. A media cocción, más o menos, añadimos la calabaza, que dará cremosidad al *risotto*, además de un bonito color anaranjado. Seguimos agregando caldo y, 2 minutos antes de terminar la cocción, las hojas de salvia (que retiraremos después, justo antes de servir), las nueces picadas, la levadura nutricional y la pimienta; ajustamos el punto de sal. Removemos bien para mezclar todos los sabores.

Una vez finalizada la cocción, añadimos un último cucharón de caldo para dejar el *risotto* bien suave e incorporamos 3-4 cucharadas de requesón vegetal, que servirá para dar cremosidad: removemos una última vez, y dejamos la olla en el fuego apagado, con la tapa puesta, durante 2 minutos.

Emplatamos, decorando con unos trocitos de nuez y el resto del requesón vegetal.

conservación
Este *risotto* se conserva hasta 3 días en la nevera en un recipiente hermético.

VELOUTÉ
DE SETAS,
patatas y cebollas

— 500 g de setas frescas
— 1 cebolla de Tropea
  2 cucharadas de salsa
  de soja
— 1 l de caldo vegetal
— 2 patatas
— 1 manojo de perejil
— nata vegetal (opcional)
— aceite de oliva virgen extra
— sal

Lavamos y hervimos las patatas y, cuando estén hechas, las escurrimos, las pelamos y las machacamos con un prensador de patatas. Las reservamos aparte. Picamos la cebolla. Lavamos y limpiamos las setas y las cortamos en trocitos de tamaño similar.

En una cazuela calentamos un poco de aceite y salteamos durante 5-10 minutos la cebolla y las setas, salándolas ligeramente. Cuando las setas estén tiernas, añadimos la salsa de soja y esperamos que se absorba. En este momento, reservamos unas cuantas setas para la decoración final, añadimos el caldo a las restantes y seguimos con la cocción durante 20 minutos. Después incorporamos las patatas machacadas y pasamos el conjunto por una batidora de mano. Ajustamos el punto de sal, si es necesario.

Servimos la velouté bien caliente, decorándola con un poco de perejil picado, con las setas que habíamos reservado previamente, y, si queréis, con nata vegetal.

consejo extra Como el factor lacrimógeno que contienen las cebollas es muy soluble en agua, mojando bien la tabla de cortar y la hoja del cuchillo que utilizamos para picar, reduciremos el número de moléculas irritantes que se acumulan en nuestros ojos. Una segunda opción es conservar las cebollas en frío: dejarlas en la nevera durante al menos 10 minutos reduce la velocidad de acción de las enzimas que nos hacen llorar.

otoño

DAL
de
LENTEJAS ROJAS

PARA 2 PERSONAS

PARA LAS LENTEJAS
— 200 g de lentejas rojas
— 800 ml de agua
— 1 cucharadita de sal

PARA EL MASALA
— 2 cucharadas de aceite de oliva virgen extra
  (o de aceite de semillas)
— 1 cucharadita de semillas de comino
— 1 hoja de laurel
— 1 jalapeño verde
— 1 cebolla dorada
— 1 diente de ajo
— 1 cucharadita de jengibre rallado
— 2 tomates grandes
— 2 cucharaditas de cúrcuma
— 1 cucharadita de *garam masala*
— cilantro picado
— sal

Enjuagamos las lentejas 2-3 veces para eliminar residuos que podrían dejar un sabor amargo. Después las metemos en una olla, calculando aproximadamente 4 partes de agua (unos 800 ml) por 1 parte de lentejas (200 g). Cuando el agua llegue a ebullición, se formará una capa de espuma en la superficie: la vamos retirando a medida que va apareciendo. Dejamos cocer durante unos 30 minutos a fuego medio-bajo, con la tapa semicerrada, removiendo de vez en cuando. A final de la cocción, deberíamos obtener una consistencia similar a la de una sopa. Apagamos el fuego, salamos las lentejas al gusto y las reservamos.

En otra olla, calentamos 2 cucharadas de aceite, el jalapeño, con un corte en sentido longitudinal (pero sin partirlo, ¡basta con una incisión!), la hoja de laurel y las semillas de comino. Cuando notemos el perfume de las hierbas aromáticas, retiramos el jalapeño e incorporamos la cebolla, cortada en trozos, el ajo picado y el jengibre rallado. Removemos durante unos 5 minutos, sin dejar que se caramelice demasiado. En este momento añadimos los tomates, cortados en daditos, media cucharadita de sal y la cúrcuma. Si es necesario, echamos un poco de agua para que se ablanden bien los tomates. Cuando estén tiernos, podemos agregar las lentejas al masala. Lo hacemos poco a poco, echando un cucharón cada vez, de forma que queden bien integradas.

Finalmente, añadimos el *garam masala*, justo antes de servir, removiendo bien todo una última vez. Si queréis, podéis decorar con un poco de cilantro picado, que combina muy bien.

Servimos el *dal* solo o acompañado de arroz integral.

ALBÓNDIGAS DE LENTEJAS
con salsa de verduras

PARA LAS ALBÓNDIGAS
— 300 g de lentejas cocidas
— ½ cebolla dorada
— 10 tomates cherry secos (o 3-4 tomates secos)
— 1 cucharada colmada de salsa de soja
— 1 diente de ajo
— 1 cucharadita de tomillo
— 5-6 cucharadas de pan rallado
— 2 cucharadas de aceite de oliva virgen extra
— 1 pizca de sal
— pimienta

PARA LA SALSA
— ½ cebolla dorada
— 700 ml de tomate triturado
— albahaca
— aceite de oliva virgen extra
— 1 pizca de sal

Empezamos poniendo las lentejas en una batidora: se pueden usar perfectamente las de conserva, escurridas y aclaradas, pero si preferís cocerlas vosotros, aún mejor. Añadimos la cebolla picada: cualquier cebolla va bien, pero yo prefiero la dorada. Para conseguir un sabor aún más rico, también agregamos 3-4 tomates secos: si es posible, los dejamos en remojo durante unos minutos.

A continuación incorporamos el ingrediente secreto de esta receta: la salsa de soja, que dará a las albóndigas su toque diferente, potenciando un sabor realmente intenso. Añadimos también el diente de ajo, el aceite, una pizca de sal y, si queréis, un poco de pimienta molida. Finalmente, el tomillo: fresco o seco, cualquiera de los dos van bien.

Ahora podemos empezar a triturar. Batimos hasta conseguir una textura bastante lisa, parando de vez en cuando para limpiar los bordes, si es necesario. Si cuesta triturarlo, es porque habrá que añadir un poco de agua. Recomiendo no pasarse. Una vez terminado, deberíamos tener una textura bastante fluida, que debe hacerse más firme para poder dar forma a las albóndigas. Para conseguirlo, utilizamos el pan rallado: 5-6 cucharadas deberían ser suficientes. Lo añadimos poco a poco, removiendo, hasta llegar al punto de poder formar bolitas. Puede ocurrir que os hayáis pasado y la mezcla tienda a desmenuzarse. Bastará con volver a mojarla con un poco de agua. Modelamos la masa en pequeñas bolitas, hasta que la acabemos.

A medida que vamos formando las albóndigas, las ponemos encima de una bandeja, cubierta con papel sulfurizado. Antes de hornearlas, las podemos condimentar con un chorrito de aceite. Las dejamos en el horno a 220 °C durante 20-25 minutos, dándoles la vuelta a media cocción.

Durante este tiempo, preparamos la salsa: en una cazuela, vertemos un hilo de aceite y la cebolla picada. Cuando esté dorada, añadimos el tomate triturado, bajamos el fuego y cubrimos con la tapa, dejando cocer durante 20 minutos y removiendo de vez en cuando. Ajustamos el punto de sal y, al final de la cocción, aromatizamos con albahaca.

Al terminar la cocción de la salsa, probablemente estarán hechas las albóndigas. Las sacamos del horno, las dejamos enfriar un poco (porque, al principio, tendrán una consistencia un poco frágil), antes de añadirlas a la cazuela de salsa. Y ya tenemos un plato exquisito que también nos permite consumir más legumbres, si aún no estáis acostumbrados a hacerlo.

conservación Este plato también se puede congelar, pero mejor hacerlo por separado, salsa y lentejas en distintos recipientes. En la nevera, en cambio, albóndigas y salsa juntas durarán hasta 4 días en un recipiente hermético.

TARTA RÚSTICA
con
ciruelas y almendras

— 220 g de harina 1
— 1 pizca de canela en polvo
— 1 sobre de levadura de repostería
— 20 g de fécula de maíz
— 150 g de harina de almendras
  (o almendras trituradas muy finas)
— 1 pizca de sal
— 240 g de leche vegetal
— 4 cucharadas de zumo de limón (o de lima)
— 130 g de pasta de dátiles (o jarabe de arce)
— 60 ml de aceite de semillas de girasol
— 6 ciruelas maduras
— 20 g de almendras laminadas

Calentamos el horno a 180 °C. Engrasamos o cubrimos con papel de horno un molde de 22-24 cm de diámetro.

Reunimos todos los ingredientes secos en un cuenco grande: harina, canela, fécula de maíz, levadura, sal y harina de almendras. Mezclamos bien para hacer una amalgama uniforme.

A continuación juntamos los líquidos en otro cuenco: leche vegetal, zumo de limón, aceite de semillas y pasta de dátiles. Mezclamos bien.

Vertemos los líquidos en el cuenco de los sólidos y revolvemos hasta obtener una masa homogénea. La transferimos al molde. Decoramos con las ciruelas cortadas en mitades o cuartos (deshuesadas) y con las almendras laminadas. Horneamos la tarta a 180 °C durante 50-60 minutos, hasta que quede bien dorada.

conservación
Esta tarta se conserva hasta 5 días en
un recipiente hermético. También puede congelarse
y así se conservará hasta 2 meses.
En este caso, recomiendo recalentarla durante 10-15 minutos
en el horno a 180 °C antes de servirla.

consejo extra
Si no tenéis un molde con borde desmontable,
podéis utilizar papel de horno en vez de aceite para engrasar.
De esta manera, resultará más fácil sacar la tarta del molde.

COULANT DE CHOCOLATE
(sin gluten)

PARA 6-8 TARTALETAS
— 160 g de chocolate negro (70 %)
— 50 g de leche de soja
— 130 g de leche vegetal
— 40 ml de aceite de semillas de girasol
— 70 g de harina de arroz (o de avena)
— 70 g de azúcar moreno de caña (o azúcar de coco)
— 8 g de levadura de repostería
— 50 g de cacao
— 1 pizca de sal
— azúcar glas

Metemos el chocolate desmenuzado en un cuenco grande con la leche de soja. Dejamos que se funda tranquilamente al baño maría, sin dejar de remover. Cuando el chocolate se haya deshecho, añadimos la leche vegetal, el aceite de semillas, el azúcar, la harina de arroz, el cacao y la sal.

Removemos hasta obtener una mezcla completamente homogénea. Añadimos entonces la levadura y seguimos removiendo. Transferimos la masa a un molde para magdalenas previamente engrasado, intentando llenar únicamente dos tercios de cada hueco.

Horneamos durante 10 minutos, 12 como máximo, en un horno precalentado a 180 °C. No hay que preocuparse si las tartaletas aún parecen crudas. Las dejamos enfriar durante unos minutos, después les damos la vuelta con la ayuda de una bandeja o una tabla para cortar, que colocaremos en la superficie del molde de magdalenas antes de girarlo. Levantamos con mucho cuidado, procurando que las tartaletas se queden encima de la tabla.

Las servimos aún calientes, después de espolvorearlas con un poco de azúcar glas.

PUMPKIN
spice
MUFFIN

PARA UNOS 12 MUFFINS

— 300 g de harina 0
— 1 cucharadita de canela en polvo
— 1 sobre (16 g) de levadura de repostería
— ½ cucharadita de sal
— 1 cucharadita de jengibre seco
— 1 pizca de nuez moscada

— 280 g de puré de calabaza cocida al vapor (sin sal)
— 220 g de leche de almendras
— 120 g de azúcar moreno de caña
— 1 cucharadita de extracto de vainilla
— almendras laminadas (opcional)

En un cuenco grande, tamizamos la harina con la levadura y la canela. Añadimos el jengibre, la sal y la nuez moscada. Mezclamos todo con un batidor de varillas y lo reservamos aparte.

En otro cuenco reunimos los ingredientes húmedos: el puré de calabaza, la leche de almendras, el azúcar y el extracto de vainilla. Mezclamos y lo vertemos poco a poco en el otro cuenco, removiéndolo muy bien para evitar que se formen grumos.

Ahora ya podemos repartir la masa en el molde para muffins. Lo engrasamos, o bien introducimos una cápsula para magdalenas en cada hueco y vertemos una cucharada colmada en cada uno, llenándolos hasta dos tercios. Si queréis, podéis esparcir láminas de almendra por encima.

Horneamos a 180 °C en un horno estático durante 30 minutos.

Al final de la cocción, los muffins deberían estar dorados, muy blandos y aromáticos.

Esperamos a que se enfríen antes de sacarlos del molde.

conservación

Estos muffins se conservan durante 3-4 días en un recipiente hermético; como alternativa, también los podemos congelar: en el congelador se conservan durante 2-3 meses. Recomiendo descongelarlos a temperatura ambiente, durante al menos 1 hora, antes de comerlos.

GALLETAS SEMIINTEGRALES
rellenas de peras

PARA LA MASA
— 400 g de harina semiintegral
— ½ cucharadita de sal
— 6 g de levadura de repostería
— 80 g de azúcar moreno de caña
— 80 g de aceite de semillas de girasol
— 90 g de agua

PARA EL RELLENO
— 4 peras Kaiser o Abate
— 90 g de azúcar moreno de caña
— 50 ml de agua
— 1 cucharadita de canela en polvo
— 1 pizca de sal
— 50 g de uvas pasas
— 50 g de nueces

Unimos la harina con la sal, el azúcar y la levadura, mezclándolo con un batidor de varillas. Incorporamos el agua y el aceite de semillas a los ingredientes secos, removiendo con una cuchara. Después empezamos a amasar a mano, pero solo para mezclar los ingredientes y hasta que la masa esté homogénea. La envolvemos con plástico para alimentos y la dejamos reposar mientras preparamos el relleno.

Cortamos las peras en trocitos pequeños y finos. Ponemos en el fuego una sartén con el azúcar y el agua dentro. Removemos hasta que el azúcar esté disuelto y después añadimos sal y canela, sin dejar de remover. Agregamos entonces las peras. También incorporamos las nueces y las uvas pasas: las cantidades que doy son indicativas, tenéis total libertad para improvisar, según vuestros gustos. Seguimos con la cocción, removiendo y añadiendo un poco de agua si es necesario. En unos 10 minutos, las peras se volverán tiernas y oscuras. Apagamos el fuego y dejamos enfriar.

Ahora volvemos a la masa. La sacamos del plástico, la colocamos entre dos hojas de papel de horno y la extendemos con un rodillo. Deberíamos conseguir un grosor de aproximadamente 2 milímetros. La cortamos, con la ayuda de un vaso, en muchos círculos. Los separamos y volvemos a extender la masa restante para cortar más círculos, hasta que ya no quede masa.

Cogemos el relleno y colocamos una cucharada encima de un círculo de masa y cubrimos con otro, aplicando una ligera presión en los bordes para sellar. También podéis sellar los bordes apretando con los dientes de un tenedor, como suelo hacer yo. Repetimos el mismo proceso en todos los círculos, poniendo una a una las galletas terminadas en una bandeja, cubierta con papel de horno. Hacemos pequeños cortes en el centro de cada galleta, para que se hagan uniformemente y no se inflen. Horneamos a 180 °C durante 35-40 minutos en un horno estático. Cuando estén hechas, el exterior estará ligeramente crujiente, mientras que el interior habrá quedado tierno y sabroso.

conservación
Estas galletas se conservan durante 4-5 días en un recipiente hermético (mejor si están en la nevera, para conservar bien las peras) y también se pueden congelar. Las descongelamos a temperatura ambiente durante al menos 1 hora.

consejo extra   Si no tenéis peras, podéis intentar hacer el relleno con manzanas, higos o plátanos: ¡estarán deliciosas! Como alternativa, podéis cubrir las galletas con chocolate o mermelada. ¡El resultado es un verdadero capricho!

BROWNIES
con nueces y café

- 250 g de chocolate negro (70 %)
- 160 g de jarabe de arce
- 350 g de leche de soja
- 180 g de harina de arroz integral
- 40 g de cacao
- 20 g de café molido
- 1 cucharadita de bicarbonato
- 1 cucharadita rasa de sal
- 3 g de canela en polvo
- 10 g de levadura de repostería
- 100 g de trozos de nuez
- 25 g de semillas de chía
- 85 g de agua
- vainilla*

* Utilicé una vaina de vainilla, que dejé en infusión en la leche de soja durante 30 minutos; si la utilizáis en polvo, podéis añadirla directamente al resto de ingredientes secos.

En un vaso, mezclamos las semillas de chía con el agua y las dejamos en reposo durante unos minutos. Se hincharán enseguida.

En un cuenco grande, mezclamos los ingredientes secos: la harina de arroz, el cacao, el café, la levadura, el bicarbonato, la sal y la canela.

Derretimos el chocolate al baño maría y lo mezclamos con el jarabe de arce.

Vertemos la leche de soja en el cuenco de los ingredientes secos, removiendo con un batidor. Añadimos las semillas de chía, remojadas, y volvemos a remover. A continuación añadimos las nueces trituradas y mezclamos todo bien.

Vertemos todo en una bandeja cuadrada o rectangular, cubierta con papel de horno (mi bandeja mide 25 × 25 cm) y lo metemos en el horno, previamente precalentado, a 180 °C, en modo estático.

Lo dejamos unos 25-30 minutos. La masa no debería subir demasiado: lo normal es que permanezca baja, con pequeñas grietas en la superficie.

Sacamos el postre y lo dejamos enfriar durante al menos 10 minutos, antes de extraerlo del molde. ¡Recomiendo comerlo cuando aún está tibio!

otoño

APPLE PIE
con
helado de vainilla

APPLE PIE

PARA EL RELLENO
— 8 manzanas
— 1 cucharadita de canela en polvo
— 1 pizca de sal
— 3 cucharadas de jarabe de arce

PARA LA MASA
— 200 g de harina de espelta
— 200 g de harina de espelta integral
— 1 cucharadita rasa de sal
— 8 g de levadura de repostería
— 75 g de agua
— 75 g de jarabe de arce
— 75 g de aceite de semillas

Cortamos las manzanas en gajos, eliminando la parte central, y después en rodajas finas que salteamos en la sartén a fuego medio durante 10 min., con el jarabe de arce, la canela y la sal. Una vez tiernas y oscuras, apagamos el fuego y las reservamos.

A continuación preparamos la masa: en un cuenco grande, juntamos las dos harinas, la sal y la levadura. Mezclamos brevemente con un batidor, después añadimos todos los ingredientes líquidos: el agua, el jarabe de arce y el aceite de semillas. Amasamos unos instantes, hasta obtener una mezcla lisa y homogénea. La dividimos en dos partes y extendemos la primera con el rodillo en forma circular, hasta alcanzar un grosor de unos 3 milímetros. Esta será la base de nuestra tarta: la colocamos encima de una hoja de papel de horno que introducimos en un molde para tartas de 22-24 cm de diámetro, procurando que queden también los bordes levantados. Disponemos entonces las manzanas cocidas sobre la base. Extendemos la parte de la masa restante y la recortamos en varias tiras de unos 3 cm de ancho. Las colocamos encima de las manzanas, creando el típico patrón trenzado, sellamos los bordes y pincelamos la superficie con aceite de semillas para que se dore bien. Horneamos en el horno estático, precalentado, a 180 °C unos 40 min., o hasta que la tarta quede doradita.

conservación Esta tarta se conserva durante 4 días en un recipiente hermético, mejor en la nevera. También la podemos congelar. Recomiendo descongelarla en el horno antes de servirla: bastarán 10-15 minutos a 180 °C.

consejo extra Aquí propongo un relleno sencillo, pero podéis improvisar, añadiendo uvas pasas, nueces… ¡Dejad volar vuestra imaginación!

helado de vainilla

— 300 g de leche de soja
— 100 g de anacardos, puestos en remojo durante al menos 6 horas
— 2 cucharaditas de extracto de vainilla (o 1 vaina de vainilla)
— 80 ml de jarabe de agave
— 3 cucharadas de aceite de coco fundido
— 2 g de sal

Escurrimos y aclaramos con agua corriente los anacardos remojados. Metemos todos los ingredientes en una batidora, y batimos a máxima potencia hasta obtener una mezcla muy lisa y completamente homogénea. Vertemos el líquido obtenido en una heladera, con las palas ya en movimiento, para que el conjunto se vaya montando y espese. Al final del proceso tendremos nuestro propio helado.

Si queréis una textura más densa, podéis transferir el helado a un recipiente hermético y dejar que se solidifique en el congelador hasta el momento de consumirlo.

conservación
En el congelador, dentro de un recipiente, se conserva hasta 3 meses.

GACHAS DE AVENA
de 3 maneras

Podéis elegir la versión de gachas que prefiráis y mezclar todos los ingredientes.
Utilizaremos una cantidad de leche vegetal suficiente para obtener una amalgama.
Hay que consumir las gachas enseguida; también, podemos conservarlas en la nevera
durante una noche y comerlas la mañana siguiente con fruta fresca al gusto.

gachas
CON CALABAZA

PARA 1 PERSONA
— 40 g de avena en copos
— 3 cucharadas de puré de calabaza
— 100 ml de yogur de soja
— 1 cucharada de semillas de chía
— ½ cucharadita de canela
— 1 punta de jengibre en polvo
— 1 cucharadita de jarabe de arce
— leche vegetal al gusto

gachas
CON CACAO
Y MANTEQUILLA
DE CACAHUETE

PARA 1 PERSONA
— 40 g de avena en copos
— 100 ml de yogur de soja
— 1 cucharada de mantequilla
   de cacahuete (p. 84)
— 1 cucharadita de cacao
— 2 cucharaditas de semillas
   de lino trituradas
— 1 punta de extracto de vainilla
— leche vegetal al gusto

182

gachas CON PLÁTANO Y TROZOS DE CHOCOLATE

PARA 1 PERSONA
— 30 g de avena en copos
— ½ plátano en trocitos
— 100 ml de yogur de soja
— 2 cucharaditas de semillas de chía
— 15 g de chocolate negro en trocitos
— 1 punta de canela en polvo
— leche vegetal al gusto

GOLDEN milk

— 250 g de leche vegetal
— 1 cucharadita de cúrcuma rallada (o ½ cucharadita de cúrcuma en polvo)
— ½ cucharadita de jengibre rallado (o 1 punta de jengibre en polvo)
— 1 cucharada de jarabe de arce
— 1 pizca de pimienta
— 1 pizca de canela (opcional)

Rallamos el jengibre hasta obtener media cucharadita aproximadamente y hacemos lo mismo con la cúrcuma, que debería ser un poco más abundante. Si las raíces son biológicas, no es necesario pelarlas.

Después metemos todos los ingredientes en una cazuela y los calentamos sobre el fuego, removiendo con un batidor.

Lo llevamos a ebullición: cuando se formen burbujas en la superficie, podemos apagar el fuego. Para eliminar todos los residuos, basta con filtrar la *golden milk* con un colador. Si habéis utilizado ingredientes en polvo, en vez de rallados, este paso no es necesario.

Esta bebida es perfecta para tomar durante una tarde otoñal, pero también va muy bien para combatir la sed en verano: podemos dejarla enfriar en la nevera y consumirla al cabo de unas horas.

conservación
La *golden milk* se conserva en la nevera durante 3 días. Una buenísima idea para el verano es congelarla en forma de cubitos y tomarla luego en los días más calurosos.

BABKA
con crema
de avellanas

BABKA
con crema
de avellanas

- 270 g de leche de soja
- 8 g de levadura de cerveza seca
  (o 20 g de levadura de cerveza fresca)
- 300 g de harina 0
- 200 g de harina 1
- 100 g de azúcar moreno de caña
- 1 cucharadita rasa de sal
- 1 cucharadita rasa de canela
- 70 g de aceite de semillas
- 3-4 cucharadas colmadas de crema de avellanas
  (ver p. 86)

Calentamos la leche de soja en una cazuela hasta que esté tibia (¡recomiendo no calentarla demasiado!). Añadimos la levadura y removemos para disolverla. No os preocupéis si quedan algunos grumos: se disolverá completamente en el siguiente paso.

En un cuenco grande, mezclamos las harinas con el azúcar, la sal y la canela. Añadimos el aceite de semillas y la leche donde hemos disuelto la levadura. Amasamos el conjunto, a mano o en la amasadora, hasta obtener una mezcla muy lisa y homogénea. Si es necesario, podemos añadir un poco más de harina. Si amasáis a mano, tardaréis unos 10 minutos; con la amasadora, unos 5.

Una vez obtenida la masa, la moldeamos hasta obtener una bola (FOTO 1), que dejaremos reposar durante 2 horas, cubierta.

Después, la extendemos sin manosearla mucho, intentando darle una forma rectangular (alrededor de 40 × 30 cm), con un grosor de 1 centímetro (FOTO 2).

Untamos toda la superficie con la crema de avellanas (FOTOS 3 Y 4).

Enrollamos el rectángulo, empezando desde el lado más largo (FOTOS 5 Y 6).

Cortamos el rollo en sentido longitudinal, en el centro, sin cortar la extremidad superior (FOTOS 7 Y 8).

Trenzamos las dos mitades obtenidas, pasando una por encima de la otra, intentando mantener la parte cortada siempre mirando hacia arriba (FOTOS 9 Y 10).

Finalmente, juntamos las dos puntas, aplicando una ligera presión con las manos (FOTO 11).

Colocamos la trenza en un molde cubierto con papel de horno y la dejamos reposar 1 hora más, cubierta con un paño de cocina (FOTO 12).

Horneamos durante unos 25 minutos en un horno estático, precalentado a 180 °C. Recomiendo hornear el *babka* cubierto con papel de aluminio o papel de horno, para evitar que se seque demasiado la crema de avellanas que se encuentra en la superficie.

otoño

INVIERNO

CHIPS DE COL RIZADA
con sésamo

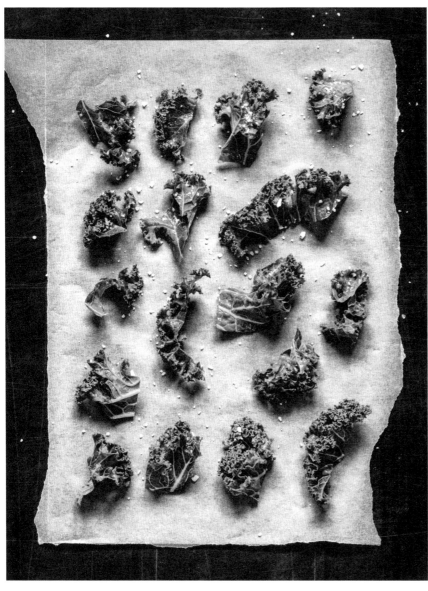

— 1 manojo de col rizada
(300-500 g)
— 1 cucharada de aceite
de oliva virgen extra
— 1 cucharada de jarabe
de arce
— 1 punta de pimentón
en polvo
— 3 cucharadas de semillas
de sésamo
— ½ cucharadita de sal

Partimos las hojas de col, retirando las partes más duras. Las cortamos de manera grosera, sin exagerar: no es necesario hacer trozos demasiado pequeños, el tamaño ideal es más o menos el de una galleta grande.

Metemos todas las hojas en un cuenco grande y esparcimos por encima el resto de ingredientes, masajeando para recubrirlas bien de manera uniforme. Durante este paso tenemos que proceder con delicadeza para no aplastar demasiado la col.

Colocamos las hojas encima de una bandeja, cubierta con papel de horno. Horneamos durante 20-25 minutos a 150 °C con ventilación.

LENTEJAS
sobre puré de patatas

PARA LAS LENTEJAS
— 400 g de lentejas
— 2 zanahorias
— 2 tallos de apio
— 2 pequeñas cebollas doradas
— 3 hojas de laurel
— 1 ramita de romero
— tomillo
— 400 ml de tomate triturado
— 1 ½-2 l de caldo vegetal
— 4-6 cucharadas de aceite de oliva virgen extra
— sal y pimienta

PARA EL PURÉ
— 1 kg de patatas de carne amarilla
— 280 g de leche de soja sin azúcar ni aromas
— 30 g de aceite de oliva virgen extra
— ½ cucharadita de sal
— nuez moscada (opcional)

Dejamos las lentejas en remojo en agua fría durante al menos 6 horas o, aún mejor, una noche entera. Una vez trascurrido el tiempo necesario, las escurrimos y las aclaramos bien debajo del grifo. Preparamos una picada de apio, zanahorias y cebolla (yo, por comodidad, lo trituro todo con la batidora) y lo sofreímos en una sartén con el aceite.

Después añadimos las lentejas y las hierbas aromáticas (mejor si las envolvemos en una gasa, para poder sacarlas con facilidad) y dejamos que coja sabor y que se tueste a fuego alto durante unos minutos, sin dejar de remover.

A continuación añadimos el tomate triturado y, al cabo de unos minutos, el caldo (ya hirviendo). Hay que bañar las lentejas con generosidad, dejando unos 2-3 dedos de líquido por encima del nivel de las lentejas. Cuando vuelva a hervir, bajamos el fuego al mínimo, cubrimos y dejamos cocer durante unos 40-50 minutos, controlando de vez en cuando si necesita más caldo.

Finalmente, las lentejas deberían estar blandas, pero sin deshacerse: 5 minutos antes de que termine la cocción, quitamos las hierbas aromáticas y salpimentamos. Servimos las lentejas calientes o tibias, añadiendo otro hilo de aceite.

Para la preparación del puré, primero hervimos las patatas sin quitarles la piel. Las cocemos hasta que estén muy hechas. Una vez cocidas, las escurrimos y las machacamos con un prensador de patatas cuando todavía estén calientes. Las ponemos en una sartén un poco honda y las reservamos.

Mientras tanto, calentamos la leche de soja en una cazuela: cuando empiece a borbotear, la pasamos poco a poco a la sartén con las patatas, removiendo con un batidor hasta que se haya absorbido completamente y obtengamos una mezcla homogénea. Apagamos entonces el fuego, ajustamos el punto de sal y, si os gusta, añadimos la nuez moscada. Damos un toque final con el aceite de oliva.

consejo extra Para esta preparación, es preferible utilizar lentejas secas: para ayudar a su cocción, las dejamos en remojo durante al menos 8 horas y añadimos 1 cucharadita de bicarbonato por cada litro de agua que utilizamos para el remojo.

conservación
El puré se conserva en la nevera durante 24 horas. Las lentejas cocidas, hasta 4-5 días. Ambas preparaciones se pueden guardar en el congelador un máximo de 2 meses. Para descongelar, recomiendo sacarlas unas horas antes de comerlas y pasarlas por la sartén (por separado) durante unos minutos.

TOFU AGRIDULCE

PARA 2 PERSONAS

PARA LA BASE
— 200 g de tofu clásico (no sedoso)
— 1 cucharada de aceite de sésamo
— 1 pizca de sal
— 1 pizca de pimentón dulce
  (opcional)
— 1 cucharada de harina 0
  (o fécula de maíz)

PARA LA SALSA AGRIDULCE
— 1 cucharada de aceite de sésamo
— 2 cucharadas de salsa de soja
— 1 cucharada de jarabe de arce
  (o azúcar)
— 50 ml de agua
— 1 cucharada de fécula de maíz

Para preparar estos bocados, en primer lugar hay que secar bien la barra de tofu: cuanta más agua podamos sacar de su interior, más condimento absorberá este.

Cortamos el tofu en daditos de unos 2 cm de lado y los colocamos en un cuenco. Condimentamos con 1 cucharada de aceite de sésamo, una pizca de sal y, si os gusta, una pizca de pimentón dulce. Mezclamos bien y después añadimos la harina. Removemos una última vez y colocamos los daditos encima de una bandeja, cubierta con papel de horno, mientras intentamos eliminar el exceso de harina. Los horneamos durante 20 minutos en un horno estático, precalentado a 200 °C.

A continuación preparamos la salsita agridulce: en un cuenco, mezclamos el aceite de sésamo, la salsa de soja y el jarabe a arce. Añadimos la fécula de maíz, que será nuestro ingrediente espesante, y el agua, mientras removemos para deshacer todos los grumos.

Ponemos una sartén en el fuego y vertemos la salsa obtenida; hay que estar muy atento y mantener el fuego bajo, sin dejar de remover. Cuando notemos que empieza a espesar, añadimos el tofu. Apagamos el fuego y mezclamos bien hasta que los daditos estén completamente cubiertos por la salsa.

Podemos completar nuestro plato con arroz integral y esparcir por encima unas semillas de sésamo.

conservación
El tofu agridulce se conserva durante 3 días
en la nevera, dentro de un recipiente hermético.
No se recomienda congelarlo.

invierno

FUSILLI
con pesto de
BRÓCOLI y NUECES

— 320 g de *fusilli*
— 1 brócoli de unos 200 g
— 1 cebolla dorada
— 40 g de nueces sin cáscara
— aceite de oliva virgen extra
— sal

Ponemos en el fuego una olla con mucha agua.

Picamos la cebolla y cortamos el brócoli de manera grosera, después cortamos cada flor en tiras finas.

En una sartén antiadherente, calentamos un hilo de aceite y añadimos la cebolla picada. Cuando esté traslúcida y tierna, incorporamos el brócoli recién cortado y lo salteamos a fuego medio durante 10 minutos (agregamos un poco de agua si es necesario). Ajustamos el punto de sal.

Trituramos las nueces en una batidora, hasta que tengan una textura arenosa. Ponemos también el brócoli en la batidora (reservando unas flores para la decoración final) y seguimos triturando hasta obtener una textura cremosa. Para que el proceso sea más fácil, podemos añadir, poco a poco, 3 cucharadas de aceite, y si eso no fuera suficiente para dar como resultado un pesto cremoso, también podemos echar un poco de agua. El pesto estará listo cuando adquiera una textura homogénea.

Mientras tanto, cuando el agua salada comience a hervir, cocemos en ella la pasta: la escurrimos cuando esté *al dente* y la salteamos con el pesto de brócoli, mezclando bien. Emplatamos y terminamos con un hilo de aceite crudo. Completamos con las flores de brócoli reservadas y, si queréis, con algunos trozos de nuez.

consejo extra   El brócoli se puede encontrar en el mercado de otoño a principios de primavera, pero la mejor época para comprarlo es, sin lugar a duda, el invierno, especialmente el mes de enero. En el momento de la compra, hay que comprobar que las flores estén firmes, bien juntas y verdes. Si el brócoli se abre en pequeñas flores amarillas significa que está demasiado maduro. El tallo tiene que ser de color verde claro, con una consistencia firme.

RISOTTO
con
RADICCHIO,
PERAS y NUECES

PARA 2 PERSONAS
— 150 g de arroz Carnaroli
— 1 cebolla pequeña
— caldo vegetal
— ½ vaso de vino blanco
— 1 pera Kaiser
— 2-3 cabezas de *radicchio* tardío de Treviso
— 2 cucharadas de levadura nutricional
— 30 g de nueces trituradas
— 2-3 cucharadas de yogur de soja
— aceite de oliva virgen extra
— sal

Ponemos una olla con caldo vegetal (o con agua) en el fuego y la llevamos a ebullición. Procedemos con el corte: pelamos y cortamos en daditos las peras, picamos la cebolla y cortamos el *radicchio* en rodajas, separando la parte más tierna y oscura (la de las puntas, para aclararnos) de la parte más clara y crujiente, pues añadiremos unas y otras al *risotto* en momentos distintos.

Calentamos un hilo de aceite en una cazuela y añadimos la cebolla para que se dore unos minutos. Incorporamos el arroz y lo dejamos tostar unos minutos también. Rehogamos con el vino blanco y, cuando se haya evaporado el alcohol, empezamos la cocción con el caldo vegetal.

En ese momento añadimos los daditos de pera, para que quede muy tierna, y salamos directamente en la olla, a menos que el caldo ya esté salado. Si es el caso, esperaremos al final de la cocción para ajustar el punto de sal.

A media cocción, incorporamos la parte del *radicchio* más clara y crujiente y seguimos removiendo y añadiendo caldo. Con la cocción casi terminada, agregamos la otra parte del *radicchio*, la más oscura y tierna, y después, la levadura nutricional que, en la cocina vegana, sirve para dar un sabor similar al del queso parmesano.

Finalmente, le damos cremosidad con el yogur de soja. Esta combinación resulta mágica, ¡hay que probarlo para creerlo! Otorgará un toque muy cremoso a nuestro *risotto*, sin que esté pesado.

A continuación ya podemos emplatar: decoramos cada plato con unas cuantas nueces trituradas, ideales para combinar con el *radicchio*, y ya tenemos nuestro *risotto*. Un plato sencillísimo, pero muy resultón.

LASAÑA CON RAGÚ DE GARBANZOS
y verduras

— 350 g de pasta para lasaña de trigo duro
(sin huevos)

PARA EL RAGÚ DE GARBANZOS
— 1 l de caldo vegetal (o agua)
— 500 g de garbanzos cocidos
— 1 cebolla blanca
— 1 zanahoria
— 1 tallo de apio
— 2 ramitas de romero
— 2-3 hojas de laurel
— 750 g de tomate triturado
— 2-4 cucharadas de levadura nutricional
(opcional)
— aceite de oliva virgen extra
— sal, pimienta

PARA LA BECHAMEL
— 80 g de aceite de oliva virgen extra
— 90 g de harina 0
— 1 l de leche de soja
sin azúcar ni aromas
— 1 pizca de nuez moscada
(opcional)

PREPARACIÓN DEL RAGÚ DE GARBANZOS

Calentamos el caldo en una olla. Picamos la cebolla, la zanahoria y el apio en una batidora, junto con los garbanzos, hasta conseguir una textura harinosa, y a continuación metemos todo en otra olla grande con 4 cucharadas de aceite. Cuando el sofrito se vuelva traslúcido, añadimos las hierbas (romero y laurel), si es posible, envueltas en una gasa de cocina para poder sacarlas con facilidad, e incorporamos el caldo hasta que el conjunto quede cubierto. Ponemos la tapa y dejamos que coja sabor durante unos 10 minutos, a fuego lento.

Cuando los ingredientes hayan absorbido buena parte del caldo, añadimos el tomate triturado (y, si queréis, también la levadura nutricional) y dejamos cocer durante otros 30-40 minutos. Al final de la cocción, quitamos las hierbas y ajustamos el punto de sal y pimienta.

Cuando el «ragú» esté listo y espeso, recomiendo batirlo ligeramente con una batidora de mano. Esto le dará más cremosidad.

PREPARACIÓN DE LA BECHAMEL

Para preparar la bechamel calentamos el aceite en una olla junto con la harina y 200 ml de leche de soja, mezclando con unas varillas. Seguimos removiendo, cociendo a fuego medio durante unos 2 minutos. Después añadimos el resto de la leche de soja.

Llevamos a ebullición, sin dejar de remover, hasta que la bechamel adquiera su típica textura. Apagamos el fuego y reservamos. Si queréis, podéis añadir una pizca de nuez moscada.

COMPOSICIÓN DE LA LASAÑA

Cogemos una bandeja o un molde para horno rectangular de alrededor de 35 × 25 cm. Distribuimos un hilo de bechamel sobre el fondo de la bandeja de manera uniforme, después colocamos la pasta, vertemos una capa de ragú y otra de bechamel (yo pongo 3 cucharones de ragú y 2 de bechamel en cada capa).

Seguimos así hasta que no queden ingredientes, intentando ser generosos, tanto con el ragú como con la bechamel, especialmente encima de la última capa de pasta.

La horneamos a 180 °C durante unos 30 minutos.

conservación Esta lasaña se conserva durante 3-4 días en la nevera (bien tapada), y también se puede meter al congelador, donde aguantará bien hasta alrededor de 1 mes.

RAVIOLIS CHINOS
con verduras

PARA EL RELLENO

— 2 calabacines
— 1 cebolla dorada
— 2 zanahorias
— 2 patatas pequeñas
— 1 diente de ajo
— 1 trocito de jengibre fresco
  (o ½ cucharadita de jengibre en polvo)
— 2 cucharadas de salsa de soja
— aceite de sésamo (o de oliva)

PARA LA PASTA

— 300 g de harina 0
— 1 cucharadita de sal
— 150 ml de agua a
  temperatura ambiente

PREPARACIÓN DEL RELLENO

Para el relleno, rallamos o trituramos en una batidora los calabacines, la cebolla, las zanahorias y las patatas. Lo metemos todo en un cuenco grande y finalmente añadimos también el ajo picado muy fino. Mezclamos bien y quedará listo para la cocción. En una sartén grande, calentamos primero un hilo de aceite. En lugar de la sal, añadimos salsa de soja, que dará a nuestros raviolis un riquísimo sabor oriental. También podéis añadir un poco de jengibre: si lo tenéis, mejor utilizar el fresco, bien picado.

Dejamos cocer todo durante 10-15 minutos, removiendo frecuentemente; una vez terminada la cocción, ponemos el relleno en un cuenco. Obviamente, hay que probarlo y, si es necesario, ajustar el sabor con la salsa de soja. Si os gusta, nadie os impide añadir también un poco de pimentón.

PREPARACIÓN DE LA PASTA

A continuación preparamos la pasta para los raviolis: en un cuenco, ponemos la harina y la sal. Mezclamos y añadimos el agua, antes de empezar a amasar con una cuchara primero y después con las manos. Al cabo de 5-10 minutos amasando, deberíamos obtener una bola lisa y homogénea.

La enharinamos bien y la extendemos con un rodillo, hasta conseguir un grosor de alrededor de 1 milímetro. Después, con un molde redondo o con un vaso, empezamos a recortar varios discos. Recomiendo hacerlo con un diámetro de unos 8 centímetros.

PREPARACIÓN DE LOS RAVIOLIS

Ponemos una cucharadita de relleno en cada disco de pasta, sujetamos la base, la cerramos primero por un lado, después por el otro, tomando cada vez un poco de masa y doblándola sobre sí misma. Cuando lleguemos al final, es posible que se escape un poco de relleno. No es ningún problema: recogemos lo que se haya salido y sellamos el ravioli. Con estas dosis, deberíamos conseguir unos 25-30 raviolis.

COCCIÓN

Una vez listos, podemos cocer los raviolis de dos maneras: al vapor, durante 15 minutos, engrasando bien la cestilla antes de colocarlos. Quedarán tiernos y deliciosos. Como alternativa, podemos hacerlos a la sartén: los calentamos primero durante 1 minuto con solo un poco de aceite, para dorar la parte inferior y dejarla ligeramente crujiente, después añadimos medio vaso de agua, cubrimos con la tapa, y seguimos con la cocción durante 10-15 minutos a fuego medio. En este caso tendrán un sabor un poco más intenso, pues la parte inferior estará ligeramente tostada.

Sea cual sea el método que escojáis, recomiendo servirlos calientes, con un poco de salsa de soja; si preferís un sabor agridulce, podéis añadir a la salsa ½ cucharadita de azúcar u otro edulcorante de vuestra elección.

conservación

Una vez cocidos, estos raviolis se conservarán
durante un par de días dentro de un recipiente
hermético. Se pueden congelar pero solo
cuando están crudos.

ZANAHORIAS
con BALSÁMICO

— 500 g de zanahorias ecológicas
— 2 cucharadas de vinagre balsámico
  de Módena
— 2 cucharadas de jarabe de arce
  o de agave
— ½ cucharadita de sal
— 1 cucharadita de fécula de maíz
— 2 cucharadas de aceite de oliva
  virgen extra
— 1 cucharada de semillas de sésamo

Lavamos y secamos las zanahorias, después las cortamos en dos en el sentido longitudinal, sin pelarlas.

Las metemos en un cuenco y las condimentamos con el vinagre balsámico, el aceite, el jarabe de arce, la sal y la fécula de maíz. Mezclamos bien para recubrir uniformemente las zanahorias con el condimento.

Las colocamos encima de una bandeja cubierta con papel de horno y las metemos al horno estático durante unos 40 minutos a 220 °C. Al finalizar la cocción, esparcimos las semillas de sésamo por encima.

ALBÓNDIGAS DE QUINOA
y col romanesco

PARA 12-20 ALBÓNDIGAS
— 260 g de flores de col romanesco
— 200 g de quinoa cocida
  (unos 100 g cruda)
— 1 patata hervida de tamaño mediano
— ½ cebolla dorada
— 1 cucharadita de hojas de tomillo
— 3-5 cucharadas de pan rallado
— 2 cucharadas de aceite de oliva virgen extra
— sal, pimienta en grano

Cortamos las flores de la col, bien limpias, en bastantes trozos de tamaño idéntico. Las horneamos durante 20-25 minutos a 200 °C en modo estático, sazonadas con un poco de aceite y de sal. Después, las colocamos en una batidora con la quinoa cocida, la patata (pelada y cortada en trozos) y la cebolla. Para dar sabor, añadimos 1 cucharadita de hojas de tomillo (frescas o secas), 1 cucharada de aceite, un poco de pimienta molida y ½ cucharadita de sal.

Trituramos todo hasta obtener una textura bastante cremosa, no importa si no está perfectamente homogénea.

Transferimos la mezcla a un cuenco y añadimos el pan rallado, justo la cantidad necesaria para solidificarla un poco y posibilitar la formación de las bolitas. Recomiendo hacer las albóndigas con las manos mojadas, para que la mezcla tenga menos tendencia a pegarse.

Colocamos las albóndigas, ligeramente separadas entre ellas, encima de una bandeja cubierta con papel de horno.

Si queréis, podéis pincelarlas con un chorrito de aceite y, después, hornearlas durante unos 20 minutos a 180 °C en un horno con ventilación.

Una vez hechas, las dejamos enfriar durante unos minutos, antes de moverlas: esto permitirá que se compacten bien.

Recomiendo consumirlas con humus o *baba ganoush*, calientes o frías.

conservación

Estas albóndigas se conservan en la nevera,
dentro de un recipiente hermético, durante 4-5 días.
También se pueden congelar.
Para descongelarlas, las podemos dejar fuera del congelador
durante unas horas, utilizar la función «defrost»
del microondas u hornearlas en un horno estático
a 180 °C durante 10 minutos.

consejo extra   También podéis preparar estas albóndigas con arroz, mijo, cuscús u otros cereales disponibles. Os sorprenderán, siempre salen buenísimas.

NUGGETS
de coliflor

— 1 coliflor
— 70 g de harina 0
— 1 cucharadita de sal
— 1 cucharadita de pimentón
— 1 cucharadita de ajo en polvo
  140 g de leche vegetal
  sin azúcar ni aromas
— 4 cucharadas de tomate triturado
— 4-6 cucharadas de pan rallado

Cortamos las flores de la coliflor en trocitos de tamaño idéntico.

En un cuenco, mezclamos la harina, la sal, el pimentón y el ajo en polvo. Vertemos la leche vegetal y el tomate triturado, mezclando hasta obtener una crema rosa, perfectamente lisa y homogénea.

Sumergimos por completo todas las flores de coliflor en la mezcla. Después, las pasamos por el pan rallado para recubrirlas. Volvemos a sumergirlas en la crema rosa, para añadir una segunda capa.

Transferimos las flores a una bandeja cubierta con papel de horno, dejando espacio entre ellas. Las horneamos durante 20 minutos a 220 °C con ventilación; pasado ese tiempo, las sacamos, las giramos y volvemos a hornearlas otros 20 minutos.

Ya podemos degustar nuestros nuggets calientes.

Si queréis, podéis combinarlos con mayonesa, sazonada con cebollino troceado.

CINNAMON *rolls*

PARA LA MASA
— 400 g de harina 0 (u otra harina con gluten;
  desaconsejo utilizar solo harina integral)
— 40 g de azúcar
  (al gusto, yo suelo usar azúcar moreno de caña)
— 200 g de leche de soja (u otra leche vegetal)
— 5 g de levadura de cerveza seca
  (o 10 g de levadura de cerveza fresca)
— 4 g de sal fina (alrededor de una cucharilla rasa)
— 1 cucharada de aceite de semillas de girasol
  (o de coco)
PARA EL RELLENO
— 60 g de azúcar moreno de caña
— 2 cucharaditas de canela
— 1 cucharadita de aceite de semillas de girasol
  (o de coco)
PARA TERMINAR (OPCIONAL)
— azúcar glas

Calentamos la leche de soja hasta alrededor de 40 °C y añadimos la levadura de cerveza. Removemos para mezclarlo todo y dejamos reposar durante unos minutos. No es importante que la levadura se disuelva perfectamente en esta fase: no hay problema si quedan grumos.

En un cuenco grande vertemos la harina 0. También se puede utilizar de espelta o una parte de harina integral, aunque, en este caso, el sabor será menos delicado y deberéis dejar reposar más tiempo la masa para que crezca. Incorporamos luego el azúcar y la sal. Removemos para mezclar bien y agregamos la solución de leche y levadura, preparada previamente. Primero usaremos una cuchara, después amasaremos con las manos. Mientras amasamos, vamos añadiendo también el aceite de semillas de girasol, que nos ayudará a conseguir una masa más elástica. Cuando terminemos tendremos una bola bien lisa. La dejamos reposar en un lugar tibio de la cocina durante 1 hora, envuelta en plástico para alimentos. Transcurrido este tiempo, nuestra bola habrá crecido en volumen, alcanzando más o menos el doble de su tamaño. Si no fuera así, dejamos que crezca un poco más. Esparcimos harina sobre la superficie de trabajo y extendemos la masa, primero con las manos, luego con el rodillo, intentando formar un rectángulo de unos 4-5 milímetros de grosor.

Mezclamos el azúcar con la canela: el sencillísimo relleno de nuestros *cinnamon rolls*.

Antes de untarlo en el rectángulo de masa, engrasamos ligeramente toda la superficie con el aceite de semillas de girasol: así, lograremos que el relleno se adhiera mucho mejor. Ahora ya podemos distribuir la mezcla por la superficie del rectángulo. Si sobra un poco, no hay problema: luego os explicaré cómo utilizarlo. Ya podemos enrollar el rectángulo: empezamos por el lado más largo. Una vez que obtengamos un rollo, lo partimos en 12 discos: yo recomiendo cortarlo primero en 4 partes idénticas y después dividir cada parte en 3 rodajas.

Para la cocción, es mejor colocar los discos en un molde de tamaño mediano, cubierto con papel de horno o engrasado; si antes os ha sobrado un poco de relleno con canela, podéis extenderlo aquí, sobre el fondo del molde. Disponemos todos los *cinnamon rolls* dentro, los volvemos a cubrir otra vez con plástico para alimentos y los dejamos reposar otras 2-3 horas. En este tiempo, volverán a crecer. Ya los podemos hornear, preferiblemente cubiertos con papel de aluminio (ayuda a mantenerlos más tiernos, pero no es imprescindible), durante media hora en un horno estático (precalentado) a 180 °C. Una vez hechos, quedarán tiernos, dorados y muy perfumados. Podéis darle un toque final espolvoreando azúcar glas sobre los *cinnamon rolls*.

conservación Estos *cinnamon rolls* se conservan durante 2-3 días en un recipiente hermético. También se pueden congelar; en ese caso, hay que dejar que se descongelen a temperatura ambiente.

consejo extra También podéis rellenar la masa, siguiendo el mismo procedimiento, con otros sabores: por ejemplo, con chocolate o con vuestra mermelada preferida.

GALLETAS NAVIDEÑAS
con jengibre

— 200 g de harina 0 (o harina 1)
— 1 cucharadita de levadura
  de repostería
— ½ cucharadita de canela
— 1 pizca de sal

— 2 cucharaditas de jengibre rallado
  (o 1 cucharadita de jengibre en polvo)
— 50 g de aceite de semillas de girasol
— 60 g de jarabe de arce
  (u otro edulcorante líquido)

En un cuenco grande, mezclamos la harina, la levadura, la canela y la sal. Añadimos el jengibre rallado, el aceite de semillas y el jarabe de arce. Empezamos a amasar, añadiendo 2 cucharadas de agua, y elaboramos hasta que la masa esté lisa y homogénea.

La extendemos hasta alcanzar un grosor de 3-4 milímetros.

Cortamos las galletas con la ayuda de moldes de forma y las colocamos en una bandeja, cubierta con papel de horno.

Las horneamos durante unos 13-15 minutos a 180 °C en un horno estático.

conservación
Estas galletas se conservan 3 semanas dentro de un recipiente hermético, mejor si es pequeño. También se pueden congelar, en cuyo caso hay que dejar que se descongelen a temperatura ambiente al menos media hora antes de consumirlas.

GALLETAS SIN GLUTEN
con
copos de avena,
frutos secos y semillas

PARA UNAS 15 GALLETAS
— 100 g de copos de avena sin gluten
— 50 g de harina de avena sin gluten
— 30 g de coco en copos finos
— 1 cucharadita rasa de canela
— ½ cucharadita de sal
— 1 cucharadita de levadura
— 65 g de leche de soja
— 2 cucharadas de semillas de lino trituradas
— 80 g de azúcar moreno de caña
— 50 g de aceite de coco derretido
— 100 g de frutos secos y semillas al gusto

Metemos todos los ingredientes secos en un cuenco: copos de avena, harina de avena, copos de coco, canela, levadura y sal. Removemos con unas varillas y reservamos. En otro cuenco mezclamos las semillas de lino trituradas con la leche de soja y mezclamos bien. Añadimos el aceite de coco y el azúcar y removemos hasta que ya no queden grumos. A continuación vertemos los líquidos en el cuenco de los sólidos, revolviendo bien para que la mezcla quede uniforme. Una vez la tengamos, incorporamos los frutos secos y las semillas que habéis escogido (yo utilicé almendras, uvas pasas y semillas de calabaza). Deberíamos conseguir una masa bastante seca, pero maleable a la vez: si no fuera así, habrá que añadir harina de avena.

Formamos las galletas, aplastando la masa entre las manos y modelándola. No crecerá mucho, por lo tanto, podemos hacer galletas con un grosor de 1 cm. Las horneamos en modo estático durante 15 minutos a 180 °C. Una vez hechas, las dejamos enfriar unos minutos, antes de transferirlas a una parrilla para que se enfríen por completo.

Estas galletas están llenas de nutrientes, contienen grasas buenas y poco azúcar, por lo que son perfectas para un desayuno sano, en combinación con una pieza de fruta y una taza de té, o bien como tentempié entre comidas.

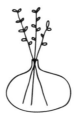

conservación
Estas galletas se conservan durante 7-10 días
en un recipiente hermético y
hasta 2 meses en el congelador.

tarta SACHER

PARA UN MOLDE DE TARTA
DE 22-23 CM DE DIÁMETRO

PARA LA TARTA
— 320 g de harina
— 50 g de cacao
— 150 g de azúcar
— 1 sobre de levadura de repostería (16 g)
— ½ vaina de vainilla
  (o 1 cucharadita de extracto de vainilla)
— 400 g de leche de soja
  (u otra bebida vegetal)
— 60 g de aceite de semillas de girasol
— 1 pizca de sal

PARA EL RELLENO
— 250-300 g de mermelada de albaricoque

PARA EL GLASEADO CON CHOCOLATE
— 150 g de chocolate negro (70 %)
— 100 g de azúcar
— 125 g de agua

Para preparar la tarta mezclamos la harina, el cacao, el azúcar, la levadura, la sal y la vainilla. Después añadimos la leche de soja y el aceite de semillas de girasol, removiendo bien todo.

Vertemos la mezcla en un molde y horneamos a 180 °C durante 40-45 minutos. Después de la cocción, dejamos enfriar la tarta completamente.

Una vez fría, la cortamos horizontalmente en dos mitades y la rellenamos con la mermelada de albaricoque. Volvemos a cerrarla y untamos también la superficie exterior con la mermelada.

Derretimos al baño maría los ingredientes para el glaseado; cuando hayamos obtenido una mezcla homogénea, la vertemos encima de la tarta, que habremos colocado sobre una parrilla para que se pueda escurrir el exceso de chocolate.

Dejamos reposar durante al menos 1 hora en la nevera.

«GALLETAS»
instantáneas
CON ALMENDRAS
Y CHOCOLATE ESPECIADO

PARA 25 GALLETAS
— 75 g de almendras
— 30 g de chocolate negro (70 %)
— 20 g de pistachos picados
— 1 punta de extracto de vainilla
— 1 punta de canela
— 1 punta de pimentón

Colocamos las almendras encima de una hoja de papel de horno, o simplemente en un plato, intentando formar flores: utilizaremos 5 almendras para cada flor, y las colocamos radialmente con las puntas giradas hacia el centro, muy juntas.

Derretimos el chocolate en una cazuela, al baño maría. Cuando se haya derretido, añadimos la vainilla, la canela y el pimentón. Si no os gusta el chocolate especiado, podéis utilizar simplemente el chocolate negro sin añadir nada más.

Con la ayuda de una cucharilla, vertemos el chocolate en el centro de cada «flor», dejando fluir justo la cantidad necesaria para cubrir las 5 puntas de las almendras. A continuación espolvoreamos las flores con los pistachos picados, justo por encima del chocolate aún fundido. Dejamos enfriar unas horas a temperatura ambiente o en la nevera.

conservación Estas «galletas» se conservan durante mucho tiempo: dentro de un recipiente hermético, mejor si está en la nevera, las podemos guardar incluso hasta 1 mes.

TIRAMISÚ

PARA LA BASE
— 12-16 galletas veganas con sabor neutro
— 4 tazas de café

PARA LA CREMA
— 150 g de anacardos, puestos en remojo
— 80 ml de leche vegetal
— 60 g de jarabe de arce (o 60 g de azúcar disuelto en 40 g de agua)
— 1 punta de extracto de vainilla (opcional)
— 30 g de aceite de semillas de girasol (2 cucharadas)

Preparamos el café: necesitamos una taza por porción. Por tanto, para 4 raciones individuales de tiramisú, tenemos que preparar 4 tazas de café.

Desmenuzamos las galletas en 4 vasos, para formar la capa del fondo de cada uno de los tiramisús. Recomiendo utilizar 3 o incluso 4 galletas por vaso, porque el fondo con el café es mi parte preferida. Una vez desmenuzadas las galletas, vertemos el equivalente de una taza de café encima y las machacamos bien contra el fondo, con la ayuda de la parte redonda de una cuchara.

Preparamos la crema. En una batidora vertemos los anacardos, bien escurridos después del remojo. Ablandar los anacardos es muy sencillo: basta con dejarlos en un cuenco, lleno de agua, durante al menos 2 horas, y escurrirlos después. Sin embargo, si no tenéis tiempo, también podéis utilizar agua hirviendo: en 10 minutos, se habrán ablandado por completo. El remojo es muy importante, porque nos permitirá obtener una crema blanda y lisa.

Ahora añadimos nuestra leche vegetal preferida: yo suelo usar la de soja, pero sirve perfectamente cualquier otra. Después, añadimos el jarabe de arce y, finalmente, el aceite de semillas de girasol. Tapamos y lo batimos todo. En poco tiempo obtendremos una crema lisa y blanda que, quizá, al principio os parecerá demasiado líquida. No os preocupéis, es normal: en la nevera tiende a solidificarse y a adquirir la consistencia perfecta. A continuación vertemos la crema encima de las galletas con el café. Sacudimos ligeramente los vasos para distribuirla bien, después los metemos en la nevera y, en el momento de servirlos, espolvoreamos cacao por encima.

conservación
Este tiramisú aguanta hasta 2 días en la nevera, bien tapado.

No recomiendo congelarlo: la diferencia con el recién hecho se nota mucho y, ya que es muy sencillo, es mejor prepararlo en el momento.

ÍNDICE GENERAL

COMER VERDURAS: ¿POR QUÉ? . . . 10

Por qué ser «veganos amables» es beneficioso para nosotros y para los demás 11

INGREDIENTES & NUTRICIÓN 13

Pero, entonces, ¿qué comes? 14
  Cereales y derivados 14
    Tipos de cereales 14
    ¿Qué son los seudocereales? 16
    Kamut, cuscús y bulgur 16
  Legumbres 16
  Soja y derivados 18
    ¿Es cierto que la soja provoca cáncer
    de mama? 18
    Soja y medio ambiente 18
    El corazón se beneficia 19
    ¿Y la tiroides? 19
    Soja OGM 19
    Soja y menopausia 19
  Verdura 20
  Fruta 23
    Guía para la compra y la conservación . . 25
  Frutos secos y semillas oleaginosas 26
    Semillas oleaginosas 26
  Bebidas vegetales y otros sustitutos de lácteos 28
    La leche vegetal no me gusta. ¿Qué hago? . . . 28
    ¿Y el yogur? 28
  Aceites y grasas vegetales 28
  Otros alimentos 28
    ¿Cómo combinar especias y hierbas aromáticas? 30

Pero ¿cómo incluyes en tu dieta...? 33
  Las proteínas 33
    Un breve repaso de los aminoácidos . . . 33
    ¿Completas o incompletas? 33
    Entonces ¿cómo ingerir las proteínas
    vegetales suficientes? 33
  El hierro 34
  El calcio 35
    ¿De dónde viene el calcio? 35
    ¿En qué verduras encontramos el calcio? . . . 35
  Los omega 3 35
    Alternativas vegetales 36

  La vitamina B$_{12}$ 36
    ¿Dónde encontramos la B$_{12}$ en la naturaleza? . 36
    ¿Por qué tomar un suplemento? 37
    Cuidado con quien os diga que no la toméis . . 37
    ¿Qué vitamina B$_{12}$ elijo? 37
  La vitamina D 37

Lo que hay en mi despensa 38
    Para conocer mejor las harinas 40

Lo que hay en mi nevera 42

Lo que hay en mi congelador 42

Lo que hay en mi cocina 43

La compra 45
  Cómo elegir 45
    Ser conscientes de lo que compramos . . . 45
    No dejarse engañar por el *marketing* . . . 45
    Mirar arriba y abajo 45
  Ecología 45
    Evitar envases de plástico 45
    Evitar alimentos ya cortados 46
    Cuando sea posible, optar por lo que
    es reciclable o reciclado 46
    Dar preferencia a los productos locales . . 46
  Ahorro 46
    Hacer la compra con el estómago lleno 46
    Preparar una lista y seguirla 46
    Hacer acopio de productos duraderos . . . 46
    Lista de la compra 48

Leer las etiquetas 49
  Puede contener trazas de... 49
  Valores nutricionales 49

**Cómo sustituir los ingredientes
de origen animal** 51

Equilibrar los grupos alimenticios 52
  ¿Qué significa «una porción»? 52

Estacionalidad 54

RECETAS BÁSICAS 61

Baba ganoush 82
Base perfecta para tartas saladas 70
Bebidas de frutos secos caseras 62
Crema para untar con avellanas y cacao . . . 86
Focaccia de Puglia 99
Granola para el desayuno 64
Humus de garbanzos 80
Mantequilla de almendras o de otros frutos secos . 84
Mayonesa & chips de boniato 93
«Mi» guacamole 88
Nata montada vegana 79
Ñoquis de patata 72
Pan de brioche 66
Pan sin amasar 96
Panqueques semiintegrales 68
Pasta fresca sin huevos 71
Patatas especiadas al horno 94
Pesto de albahaca 78
Pizza en el horno de casa 100
Queso para untar vegano 75
Requesón de anacardos 77
Tortas integrales 74

PRIMAVERA 103

Cookies con doble chocolate 125
Crostata con crema de yogur y frambuesas . . 120
Ensalada de avena con rúcula, calabacín y aceitunas . 115
Frittata de garbanzos y barba de fraile con cúrcuma . 105
Green smoothie bowl 123
Hamburguesa rosa con remolacha 116
Humus de garbanzo y calabacín 106
Lasaña al pesto con patatas y judías verdes . . 110
Macarrones de espelta al pesto de guisantes
      y albahaca 109
Muffins semiintegrales con arándanos 128
Postre de semillas de chía con fresas 131
Risotto primavera con requesón de anacardos . . 112
Tarta de zanahoria sin gluten 126
Tarta salada de espelta con crema de espárragos
      y judías verdes 118

VERANO 133

Batido estival 147
Berenjenas glaseadas 136
Cuscús con verduras estivales y curri 135

Deconstrucción de cheesecake con higos 149
Fusilli con pimiento, aceitunas y pistachos . . 145
Galletas integrales con pistachos 155
Green goddess gazpacho 146
Helado de mango 150
Pappa al pomodoro 138
Raviolis de sémola con berenjena, tomates cherry
      y albahaca 140
Tabulé de mijo 142
Tartaletas con mermelada de cereza 152

OTOÑO 157

Albóndigas de lentejas 167
Apple pie con helado de vainilla 179
Babka con crema de avellanas 186
Brownies con nueces y café 176
Coulant de chocolate (sin gluten) 170
Dal de lentejas rojas 164
Gachas de avena de 3 maneras 180
Galletas semiintegrales, rellenas de peras . . . 174
Golden milk 184
Pasta con ragú de lentejas 158
Pumpkin spice muffin 173
Risotto semiintegral a la calabaza con nueces
      y queso vegano 161
Tarta rústica con ciruelas y almendras 169
Velouté de setas, patatas y cebollas 162

INVIERNO 189

Albóndigas de quinoa y col romanesco 207
Chips de col rizada con sésamo 190
Cinnamon rolls 210
Fusilli con pesto de brócoli y nueces 197
«Galletas» instantáneas con almendras
      y chocolate especiado 219
Galletas navideñas con jengibre 213
Galletas sin gluten con copos de avena,
      frutos secos y semillas 214
Lasaña con ragú de garbanzos y verduras . . . 201
Lentejas sobre puré de patatas 193
Nuggets de coliflor 208
Raviolis chinos con verduras 202
Risotto con *radicchio*, peras y nueces 198
Tarta Sacher 216
Tiramisú 220
Tofu agridulce 194
Zanahorias con balsámico 204

ÍNDICE ALFABÉTICO de RECETAS

Albóndigas de lentejas 167
Albóndigas de quinoa y col romanesco 207
Apple pie con helado de vainilla 179
Baba ganoush 82
Babka con crema de avellanas 186
Base perfecta para tartas saladas 70
Batido estival 147
Bebidas de frutos secos caseras 62
Berenjenas glaseadas 136
Brownies con nueces y café 176
Chips de col rizada con sésamo 190
Cinnamon rolls 210
Cookies con doble chocolate 125
Coulant de chocolate (sin gluten) 170
Crema para untar con avellanas y cacao . . 86
Crostata con crema de yogur y frambuesas . . 120
Cuscús con verduras estivales y curri . . . 135
Dal de lentejas rojas 164
Deconstrucción de cheesecake con higos . . 149
Ensalada de avena con rúcula, calabacín, aceitunas . . 115
Focaccia de Puglia 99
Frittata de garbanzos y barba de fraile con cúrcuma . . 105
Fusilli con pesto de brócoli y nueces . . . 197
Fusilli con pimiento, aceitunas y pistachos . . 145
Gachas de avena de 3 maneras 180
«Galletas» instantáneas con almendras y chocolate especiado . . 219
Galletas integrales con pistacho 155
Galletas navideñas con jengibre 213
Galletas semiintegrales, rellenas de peras . . 174
Galletas sin gluten con copos de avena, frutos secos y semillas . . 214
Golden milk 184
Granola para el desayuno 64
Green goddess gazpacho 146
Green smoothie bowl 123
Hamburguesa rosa con remolacha 116
Helado de mango 150
Humus de garbanzos 80
Humus de garbanzos y calabacín 106
Lasaña al pesto con patatas y judías verdes . . 110
Lasaña con ragú de garbanzos y verduras . . 201

Lentejas sobre puré de patatas 193
Macarrones de espelta al pesto de guisantes y albahaca . . 109
Mantequilla de almendras o de otros frutos secos . . 84
Mayonesa & chips de boniato 93
«Mi» guacamole 88
Muffins semiintegrales con arándanos . . 128
Nata montada vegana 79
Nuggets de coliflor 208
Ñoquis de patata 72
Pan de brioche 66
Pan sin amasar 96
Panqueques semiintegrales 68
Pappa al pomodoro 138
Pasta con ragú de lentejas 158
Pasta fresca sin huevos 71
Patatas especiadas al horno 94
Pesto de albahaca 78
Pizza en el horno de casa 100
Postre de semillas de chía con fresas . . . 131
Pumpkin spice muffin 173
Queso para untar vegano 75
Raviolis chinos con verduras 202
Raviolis de sémola con berenjena, tomates cherry y albahaca . . 140
Requesón de anacardos 77
Risotto con *radicchio*, peras y nueces . . . 198
Risotto primavera con requesón de anacardos . . 112
Risotto semiintegral a la calabaza con nueces y queso vegano . . 161
Tabulé de mijo 142
Tarta de zanahoria sin gluten 126
Tarta rústica con ciruelas y almendras . . 169
Tarta Sacher 216
Tarta salada de espelta con crema de espárragos y judías verdes . . 118
Tartaletas con mermelada de cereza . . . 152
Tiramisú 220
Tofu agridulce 194
Tortas integrales 74
Velouté de setas, patatas y cebollas . . . 162
Zanahorias con balsámico 204